« LES

DU MÊME AUTEUR
dans la même collection

La Vie après la vie, 1977
Lumières nouvelles sur la vie après la vie, 1978
Guérissez par le rire, 1981
La Lumière de l'au-delà, 1988
Voyages dans les vies antérieures, 1990

Dr RAYMOND MOODY
avec la collaboration de Paul Perry

RENCONTRES

l'histoire fantastique
des contacts avec les disparus :
de l'Antiquité
aux plus récentes expériences

Traduit de l'américain par
Anne Soulé-Abeilhou

ROBERT LAFFONT

Couverture : miroir de bronze égyptien, XIXe-XXe dynastie ; musée du Louvre, Paris. Photo E. Lessing/Magnum.

Titre original : REUNIONS

ISBN 2-221-07750-4
(édition originale :
ISBN 0-679-42570-5 Villard Books, New York)

INTRODUCTION

« L'une des plus grandes douleurs que la nature humaine ait à supporter est l'arrivée d'une nouvelle idée. »

Walter BAGEHOT.

Le désir de retrouver ceux que l'on a aimés et qui sont décédés est l'un des plus poignants, des plus profonds que connaisse l'humanité. Ce désir, accompagné de la cohorte des « et si », des « si seulement », nous lancine et nous afflige. Que ne donnerions-nous pas en échange de cinq minutes de plus avec ceux qui nous ont quittés ?

Il arrive que ce désir soit satisfait par la vision ou l'apparition du défunt, expériences qui n'ont rien de commun avec le rêve. Ce sont là des épiphénomènes surprenants, au cours desquels on sent ou ressent la présence vivante du défunt de façon tout à fait frappante. Ceux qui ont vécu ce type de phénomène sont totalement convaincus que celui qui leur est apparu était bien réel et ils en concluent qu'il y a une vie après la mort.

L'cxpérience universelle de ces apparitions se retrouve dans le langage et le folklore de nombreuses cultures du monde, et ce depuis une époque antérieure à celle où l'on a commencé à consigner les événements constituant l'histoire. Aujourd'hui encore, il est parfaitement courant de voir un défunt. Et d'après nombre d'études publiées dans les revues médicales ou scientifiques, un important pourcentage de gens voient apparaître un défunt qui leur était proche. D'après ces études, soixante-six pour cent de veuves verraient apparaître leur mari défunt.

Si ces recherches ont porté sur les veuves, c'est tout simplement parce que leur durée de vie est supérieure à celle des hommes. Il y a plus de veuves que de veufs, et il est donc plus facile de les choisir comme sujets d'étude. Les expériences cliniques montrent que les apparitions de défunts sont également courantes chez d'autres personnes proches du défunt — enfants, parents, frères et sœurs, amis de la personne décédée. Soixante-quinze pour cent des parents qui ont perdu un enfant le verront apparaître d'une façon ou d'une autre dans l'année qui suit sa mort. Cette expérience qui est un soulagement pour la plupart des parents atténue considérablement leur douleur.

L'expérience de l'apparition est également courante chez ceux qui ont été en état de coma dépassé. Ces gens racontent qu'au moment où ils sont entrés dans un royaume de lumière, ils ont été accueillis par les esprits de leurs proches ou amis déjà décédés. Ces expériences, qui modifient alors leur vision du monde, ont souvent pour eux des effets positifs.

Si l'on pouvait donc faire en sorte que des sujets en bonne santé se trouvent dans un état analogue à celui du coma dépassé, il serait peut-être possible d'utiliser ces effets importants à titre de thérapie du désespoir. C'est précisément ce que raconte le célèbre film *Flatliners* (en français, *L'Expérience interdite*) dans lequel des étudiants en médecine provoquent des arrêts cardiaques sur leurs camarades pour tenter de recréer l'expérience de l'approche de la mort. Et le film est intéressant car il montre ce qui se passe de l'autre côté. Néanmoins, personne de sensé ne songerait à tenter ce genre d'exploit.

J'ai toujours eu envie de recréer cette expérience de l'approche de la mort, et la phase qui m'intéresse le plus particulièrement est celle dans laquelle le sujet rencontre des personnes décédées. Bien que le fait de rencontrer des défunts ne représente qu'une partie de l'expérience, j'avais le sentiment qu'en « facilitant » ces apparitions, j'en saurais plus sur l'expérience de l'approche de la mort. Mais je ne savais comment m'y prendre.

Jusqu'au jour où la réponse m'est — littéralement — tombée dessus. C'était à l'automne 1987. Je feuilletais des livres sur les rayons d'une librairie d'occasion d'une petite ville de Géorgie et me dirigeais vers les livres d'art rangés au fond du magasin, lorsque, en passant, je fis tomber un livre d'une étagère.

Je me penchai pour le ramasser et lus le titre : *Crystal Gazing (La Vision par le miroir)*. Aucun intérêt à première vue. La vision dans les miroirs (car c'est là le terme approprié) a toujours eu des relents de supercherie, d'imposture — il suffit de songer à la gitane roulant ses clients ou au diseur de bonne aventure qui verra d'autant mieux dans sa boule de cristal qu'on lui redonnera quelque argent. J'aurais replacé le livre sur l'étagère si je ne m'étais alors souvenu d'une conversation que j'avais eue avec William Roll, l'un des premiers à étudier les phénomènes paranormaux. Celui-ci m'avait affirmé que, sans aucun doute, des gens avaient des visions en contemplant un miroir. Poussé par la curiosité, je feuilletai quelques pages et commençai à lire le premier chapitre. L'auteur, Northcote Thomas, était un scientifique parfaitement sérieux. Il passait en revue les différentes manières de voir dans un miroir et évoquait brièvement les conséquences psychologiques qui en découlaient.

La partie la plus intéressante de l'ouvrage était peut-être l'introduction par Andrew Lang, autre scientifique renommé. Il disait être persuadé que la communauté scientifique, comme d'ailleurs les psychologues, serait atterrée par quiconque oserait aborder de façon rationnelle les phénomènes de vision dans un miroir. Et il s'empressait d'ajouter que ce type de réaction serait injuste puisqu'elle dissuaderait les esprits curieux de se pencher sur les mystères de l'esprit. Il tentait enfin de raisonner la peur que ressentiraient les médecins et les scientifiques. Voici ce qu'il écrivait :

> Lorsque nous étudions les visions dans un miroir, nous sommes à la limite de l'obscurantisme, de la supercherie,

> de la crédulité aveugle, de l'espoir avide et de la superstition. Il ne fait aucun doute qu'une fois cette limite franchie, les esprits les plus rodés aux sciences physiques cessent souvent d'être scientifiques ou de raisonner... Ceci explique pourquoi les chercheurs refusent d'examiner ce type de phénomène — aussi inoffensif en réalité que les rêves que nous faisons le jour ou la nuit. Ce sont là des phénomènes inhérents à la nature humaine ; ils ne sont que l'exercice de l'une des facultés de l'homme et devraient donc, en tant que tels, être l'objet d'études. Se dérober à cette étude, c'est faire preuve d'un manque total de courage.

Cet ouvrage attira mon attention sur les possibilités de la vision par le miroir. J'avais déjà étudié certaines méthodes que différentes cultures avaient trouvées pour arriver à des états de conscience altérés. J'étais tombé sur divers récits dans lesquels on parlait d'apparitions de défunts parmi des gens vivants. Les expériences les plus étonnantes étaient celles des Grecs qui se déplaçaient pour aller écouter les oracles des défunts dans des lieux appelés *psychomanteums*. D'après les récits de l'Antiquité qui sont parvenus jusqu'à nous, il est clair que ces gens semblaient vraiment voir des défunts au cours de leurs visites et être en contact direct avec eux.

Je compris donc, à la lecture de cet ouvrage ainsi que d'autres études, que voir un défunt était infiniment plus facile qu'on ne le pensait auparavant. Et je songeai à certaines questions auxquelles les visions par le miroir seraient susceptibles de répondre.

Cela explique-t-il pourquoi tant de gens « voient » des fantômes ? Voir des fantômes ou des apparitions est un phénomène extrêmement courant. D'après quelques études menées avec le plus grand sérieux, un quart des Américains et un tiers des Européens reconnaissent avoir vu un fantôme au moins une fois dans leur vie.

Non seulement les gens qui font l'expérience d'une apparition voient le défunt, mais il arrive qu'ils l'entendent, le sentent et perçoivent même son odeur. Ces rencontres nous rappellent brutalement combien ceux que nous aimons sont profondément présents dans notre inconscient. Si profondément qu'il n'y a pas loin à penser que nous devrions continuer à communiquer avec eux sous une forme ou sous une autre.

Voici comment Carl Sagan, astronome à l'Université Cornell, décrit sa propre expérience dans le journal *Parade :*

« Depuis qu'ils sont morts, j'ai entendu ma mère ou mon père prononcer mon nom une bonne douzaine de fois d'un ton parfaitement naturel. De leur vivant, ils avaient souvent prononcé mon nom. Et ils me manquent tellement, que je ne trouve rien d'étrange à ce que mon esprit, de temps à autre, rétablisse une sorte de souvenir lucide de leur voix. »

Cela ne me surprend pas non plus. Bien que leur corps physique ait disparu, l'esprit des défunts continue à occuper une part importante et vivace de notre esprit. Pour être avec eux, il nous suffirait peut-être de trouver le moyen de fouiller dans notre inconscient. Et je songeai que la vision par le miroir était peut-être une façon de le faire.

La vision par le miroir peut-elle permettre d'étudier les apparitions de « fantômes » en laboratoire ? Comme je l'ai déjà dit, des millions de gens racontent avoir vu des défunts de façon spontanée, sans le moindre effort. Ces apparitions semblent s'être produites d'elles-mêmes et sans que ces personnes se soient mises dans le climat approprié.

En raison de leur caractère spontané, l'étude de ces apparitions recoupe largement celle des récits faits par ceux qui ont vu des fantômes et ont bien voulu en parler aux scientifiques.

Il n'était pas question autrefois de provoquer des apparitions et encore moins de le faire en laboratoire. La seule méthodologie de cette étude consistait à recueillir auprès des gens des récits de fantômes et à examiner leurs similitudes, ce qui représente une totale frustration pour les psychologues.

Je commençais à me demander si la vision par le miroir pourrait permettre de provoquer des apparitions dans un cadre contrôlé où les scientifiques seraient susceptibles d'observer les sujets à l'instant où les fantômes leur apparaissent.

La rencontre avec un défunt pourrait-elle être une thérapie du désespoir ? Cela m'intéressait d'autant plus que la douleur est l'une des émotions les plus difficiles à surmonter pour l'être humain. Peut-être qu'en regardant dans un miroir, les gens pourraient voir apparaître un défunt qui leur était cher et qu'ainsi leur douleur s'apaiserait.

Je ressentis, dans cette librairie poussiéreuse, un grand enthousiasme à la pensée de passer maintenant quelques années à explorer un domaine aux promesses immenses et inexploitées. J'étais certain de pouvoir, au prix d'un travail rigoureux et d'une grande ouverture d'esprit, faire sortir la vision par le miroir de ce que Lang appelait « la limite du royaume de la supercherie », et d'en faire un des domaines accessibles et sérieux de la psychologie.

Je décidai donc de passer un certain temps à étudier cet art oublié et partis dans les librairies à la recherche de références historiques et littéraires.

Je décidai également de faire sur ce sujet une première étude informelle portant sur un certain nombre de gens. Les résultats de cette étude furent si surprenants que j'organisai au plus vite des séances de vision par le miroir de façon à pouvoir disposer du plus grand nombre possible de cas de référence. Ces séances m'ont amené à conclure que l'on peut utiliser le miroir dans les buts suivants :

— ***Pour accéder à une dimension fascinante, mais mal connue, de notre vie psychique.*** Certains psychologues pensent que quatre-vingt-dix pour cent de ce qui se passe dans l'esprit humain se passe au niveau inconscient. Il est possible que la vision par le miroir rende accessible le royaume de l'inconscient et donc, dans un certain sens, le rende visible.

— ***En tant qu'instrument utilisable par les psychologues et les psychiatres pour comprendre le monde intérieur de leurs patients.*** Les possibilités de diagnostiquer les difficultés psychologiques et émotionnelles sont particulièrement nombreuses, et il serait peut-être possible, bien que cela soit plus douteux, de diagnostiquer également les maladies organiques.

— ***En tant qu'instrument permettant aux psychologues d'explorer les prodiges de l'esprit humain.*** En matière d'éducation ou de thérapie, on aurait tort de sous-estimer le rôle de l'amusement. Et s'amuser à la vision par le miroir pourrait réveiller chez les sujets un intérêt latent.

— ***En tant que moyen d'exploiter les capacités créatives.*** Nombre d'écrivains, de scientifiques, d'hommes d'affaires et autres ont eu recours à l'état de transe requis par la vision par le miroir pour surmonter leur difficulté à être créatifs. Je parlerai plus loin de la façon dont Thomas Edison, Charles Dickens, René Descartes ont utilisé, dans un but de créativité, des techniques similaires à celles du miroir.

— ***En tant que clef permettant de résoudre différentes énigmes de l'histoire.*** Car étudier la vision par le miroir, cela permet de faire la lumière sur le monde de l'Antiquité, où les décisions importantes étaient souvent prises après avoir consulté les esprits des défunts. On trouvera plus loin un chapitre traitant de la vision par le miroir au cours de l'histoire. Et je suis certain qu'après avoir lu ce livre, des historiens me feront part d'exemples que je ne mentionne pas. Il est parfois difficile de déceler ces épiphénomènes à la première lecture. Cela provient, à mon sens, du fait que dans le monde de l'Antiquité, la vision dans un miroir était chose si courante qu'on ne trouvait pas utile de la consigner par écrit. On n'avait alors pas plus l'idée d'en parler, qu'on ne jugerait aujourd'hui utile de décrire par le menu comment on utilise un téléphone.

Si vous êtes passionné par l'histoire, il est probable que la vision par le miroir va éclairer les vieilles énigmes d'un jour nouveau. Et cela sera particulièrement frappant lorsqu'il s'agira de comprendre le monde des prophètes et des visionnaires qui, durant des siècles, ont guidé les civilisations.

— ***En tant que méthodologie permettant d'explorer la propension de l'humanité à croire en des êtres occultes ou des forces surnaturelles.*** Si l'on comprend la vision par le miroir, on peut non seulement étudier le monde paranormal, mais le faire dans le cadre d'un laboratoire.

Cela n'a jamais été fait jusqu'à présent. Car le problème de la science en matière d'événements paranormaux, et en particulier d'apparitions, c'était que les chercheurs n'avaient jamais pu provoquer d'apparition en laboratoire. Si ce phénomène ne pouvait être provoqué en laboratoire, il ne pouvait faire l'objet d'études sérieuses. Et de surcroît, quand il n'est pas possible de provoquer un phénomène, les chercheurs partent du principe qu'il s'agit d'une supercherie.

Permettez-moi donc, sans prendre position pour ou contre la valeur de ce type d'opinion, d'insister sur le fait que la vision par le miroir permet de revoir les défunts *en pratique aussi souvent qu'on le désire.* Ce qui signifie que le phénomène peut être étudié en laboratoire. C'est la première fois que des chercheurs peuvent observer un sujet à l'instant où il « voit » un fantôme. Les scientifiques n'ont donc plus à attendre que le phénomène se produise par hasard, pour en être réduits à l'étudier a posteriori.

Mais, ce qui est le plus intéressant, c'est probablement d'avoir la faculté de voir apparaître les défunts. La mort de ceux qu'ils ont aimés provoque chez certains un désespoir sans limites. Les voir apparaître dans un miroir leur permet de maîtriser ce désespoir. Et c'est là, à mes yeux, l'aspect de plus positif de cette vision, car le désespoir est l'une des douleurs les plus insurmontables.

Possibilités paranormales

Si, comme moi, vous lisez des ouvrages de parapsychologie, vous ne manquerez pas d'arrêter de temps à autre votre lecture pour vous demander : « Mais pourquoi n'ai-je pas déjà fait cette expérience ? » Voici encore un ouvrage de parapsychologie, mais celui-ci est différent des autres. Si vous pratiquez les techniques que je vais décrire, nombre d'entre vous seront vraiment en mesure de faire l'expérience de rencontres avec leurs défunts. Mais je me permets, si telle est votre intention, de vous recommander de lire cet ouvrage jusqu'à la fin, de manière à comprendre totalement le processus.

Je tiens également à insister sur le fait que cet ouvrage n'a rien à voir avec la médiumnité. Les médiums prétendent posséder la faculté extraordinaire d'entrer en contact avec les esprits des défunts à la demande de leurs clients. Ils sont les intermédiaires des messages transmis à leur client par le défunt et inversement. Le client doit donc admettre que cette faculté existe, et que le médium la possède. La médiumnité ne permet, dans le meilleur des cas, qu'une rencontre par personne interposée. Le mot « médium » implique en effet que la communication se produit par l'intermédiaire d'un tiers.

Le processus décrit dans cet ouvrage est différent ; il permet au sujet de rencontrer un défunt en direct et de juger lui-même de la réalité de l'expérience.

En tant qu'êtres humains, nous sommes en proie à l'angoisse. Et s'il est une peur que nous ne pouvons jamais arriver à maîtriser, c'est bien la peur de mourir. Cette peur de la mort est notre plus grande angoisse. Elle est la limite que nous n'arrivons jamais à franchir.

Notre société a trouvé pratique de mettre la mort à sa place. Nous avons donc créé des cimetières, de façon à tenir la mort à distance. Nous avons littéralement horreur des films qui nous rappellent notre peur de la mort. Et nous évitons consciencieusement de parler d'elle, sauf lorsque c'est absolument nécessaire.

Toutes ces attitudes ont pour but de nous convaincre du fait qu'il y a un monde des vivants et un monde des morts, et que ceux qui se trouvent de ce côté-ci doivent se garder de s'aventurer de l'autre côté. Point final.

Mais d'après ce que j'ai vécu, il y a pour moi une zone intermédiaire entre ces deux mondes. Logiquement, cette zone est vide. Elle est simplement la zone entre les vivants et les morts.

Nous ne pouvons cependant réfuter qu'il existe certains phénomènes vécus de façon consciente et qui tendent à prouver que nous survivons à la mort. Au nombre de ces phénomènes, se trouvent les expériences que l'on fait au seuil de la mort, et je veux parler de ces apparitions de défunts ou voyages chamaniques dans le monde des esprits. Ces expériences sont perçues comme la transition entre la vie et la mort et, d'une certaine façon, elles sont en relation avec ces deux mondes sans être aucun des deux. En bref, elles sont la définition de ce que l'on appelle le *Royaume intermédiaire*.

Rencontres

L'existence de ce Royaume intermédiaire défie toute preuve scientifique. Mais, cependant, il est exact qu'un nombre important de gens sains d'esprit et dont le jugement est sensé, ont fait des expériences qui les ont convaincus que ce que nous appelons la mort n'est qu'une transition menant à une autre dimension de conscience, celle que l'on appelle *la vie après la mort.*

Si l'on veut bien tenir compte de cela, la vision par le miroir est certainement au nombre des méthodes permettant d'entrer dans ce Royaume intermédiaire et de le faire sans risques.

Je vais donc vous raconter ce qui est devenu l'aventure de ma vie. J'ai guidé de nombreuses personnes au cours de ces rencontres vivantes que sont les visions appelées « apparitions facilitées ». Ces gens ont vu leurs défunts, leur ont parlé et ont compris le mystère de ce Royaume intermédiaire dont ils n'avaient jusque-là qu'entendu parler. J'ai moi aussi fait l'expérience d'une apparition. J'ai pu parler à ma grand-mère défunte qui m'est apparue aussi réelle que n'importe qui. J'ai découvert ainsi la nouvelle signification de quelques-uns des grands classiques de la littérature et je me suis promené dans des structures antiques vieilles de deux mille ans qui avaient été ainsi conçues pour permettre aux gens d'entrer en communication avec leurs parents défunts.

Voici donc un mystère passionnant.

I

NATURE DES VISIONS

« Je définis parfois l'imagination comme étant quelque chose qui m'a été raconté par quelqu'un mais que je n'ai pas vu moi-même. »

Michael HARNER.

On trouve, enfouies dans la masse des écrits scientifiques, différentes études portant sur la rencontre avec les défunts.

La première de ces études que je connaisse s'intitule *Census of Hallucinations*[1] et elle a été faite en 1894. Pour mener à bien ce travail fascinant, Henry Sidgwick, membre de la Society for Psychical Research[2] britannique, a posé à quelque dix-sept mille personnes cette question profondément personnelle :

« Vous est-il arrivé, alors que vous pensiez être parfaitement éveillé, d'avoir l'impression nette de voir un être vivant ou d'être touché par lui ou par un objet inanimé, ou encore d'entendre une voix ; impression qui, pour autant que vous sachiez, n'était due à aucune cause extérieure de nature matérielle ? »

Lorsque la réponse était positive, l'un des quatre

1. *Census of Hallucinations* : Recensement des hallucinations.
2. *Society for Psychical Research* : Société de Recherche psychique.

cent dix enquêteurs qui s'étaient portés volontaires pour cette étude, procédait alors à un entretien. Plus de deux mille personnes interrogées répondirent par l'affirmative. Et lorsque l'on eut fait abstraction des cas qui, de toute évidence, relevaient du rêve ou du délire, il resta tout de même 1 684 personnes qui avaient vu apparaître un défunt.

D'après leurs récits, ces rencontres avaient été paisibles et avaient en général duré moins d'une minute. Nombre d'apparitions s'étaient produites dans un objet semblable à un miroir. Voici le cas de Mme W, tel qu'il a été consigné en 1885. Elle raconte comment elle a vu apparaître sur le carreau d'une fenêtre le visage et le torse d'un homme « dont le teint était très pâle, avec des cheveux et une moustache de couleur brune ».

> J'allais un soir chercher quelque chose dans un placard du salon, lorsque, me retournant, je revis dans la baie vitrée, devant les volets qui étaient fermés, le même visage. Une fois encore, je ne vis que la partie supérieure de l'homme qui semblait accroupi. Cette fois-là, la lumière provenait du couloir et de la salle à manger, et elle ne tombait pas directement sur la fenêtre ; mais je distinguais parfaitement le visage et l'expression des yeux... Je me trouvais chaque fois à environ trois mètres de l'apparition.

Ceux qui prenaient note de ces récits n'étaient pas en mesure de les expliquer. Mais ils avaient diverses hypothèses sur le sujet. L'une de ces hypothèses était que le défunt avait laissé derrière lui, en un certain endroit, un objet, et que cet objet, quel qu'il soit, communiquait d'une certaine façon avec le monde des vivants. Selon une autre hypothèse, ces apparitions étaient des hallucinations résultant de créations saines, vivantes, de l'esprit. Quoi qu'il en soit, la Society for Psychical Research en conclut qu'il n'y avait là aucune preuve d'un « monde post mortem ».

Les chercheurs n'eurent donc d'autre solution que d'appeler ces visions de défunts « hallucinations », puisqu'elles ne laissaient aucune trace matérielle. Ils ne s'arrêtaient pas au fait que « certaines hallucinations soient fortuites et que l'on n'ait rien fait pour les rechercher », comme l'écrivit plus tard Andrew Lang dans *Dreams and Ghosts*[1]. « Mais entre celles-ci et les rêves qui surgissent durant le sommeil, il y a une sorte d'hallucination de l'état de veille que certaines personnes peuvent à dessein susciter. Tel est le cas des visions par le miroir. »

L'expérience de la vision

Le fait que ces apparitions aient été très nettes, vivantes, m'amena à penser qu'elles entraient dans la catégorie des expériences paranormales connues sous le nom de visions. La vision que saint Paul eut du Christ sur le chemin de Damas en est un exemple, tout

1. *Dreams and Ghosts* : Rêves et fantômes.

comme les voix des anges qui guidèrent Jeanne d'Arc et qui lui permirent de diriger les Français.

Ces phénomènes sont appelés « visions spontanées », car ils se sont produits sans que le sujet ait consciemment fait le moindre effort. Tout semblait normal, lorsque, brutalement, la vision a surgi.

On voit, dans les miroirs et autres surfaces réfléchissantes, un nombre surprenant d'apparitions spontanées de défunts. Celles-ci se produisent fréquemment la nuit ou sur un fond tel qu'un mur blanc, ou encore à l'extérieur, et de nuit également.

Une femme m'a, par exemple, raconté qu'elle avait vu sa grand-mère sortir d'un miroir au fond d'un couloir. Tandis qu'elle l'observait, stupéfaite, l'apparition s'était dirigée vers elle le long du couloir puis avait disparu par une porte ouverte menant dans une autre pièce. Une autre femme m'a raconté que, levant les yeux vers un lustre de cristal de la salle à manger, elle avait vu, dans l'une des pendeloques du lustre, plusieurs personnes qui discutaient ensemble.

Nombre de personnages de l'histoire ont eu des visions. Abraham Lincoln, par exemple, avait vu une double image de lui-même dans un miroir de sa maison de Springfield dans l'Illinois. Sur la première image, il était allongé sur un canapé. Sur la seconde, il était pâle, fantomatique, et ressemblait à un mort ou à quelqu'un de mourant.

Ce qui me surprend, ce n'est pas cette double vision du président Lincoln, mais le fait qu'il en ait parlé. Car si un président des États-Unis parlait aujourd'hui de ce type d'expérience, ce serait immédiatement la fin de sa carrière politique. Mais Lincoln parlait librement de ses rêves et de ses visions.

Anatole France raconte comment sa grand-tante avait vu dans un miroir Robespierre en train de mourir pratiquement à l'instant précis où il était frappé d'une balle dans la mâchoire. Elle regardait un miroir la nuit du 27 juillet 1794, lorsqu'elle s'était écriée : « Je le vois ! Je le vois ! Comme il est pâle ! Du sang lui coule de la bouche ! Il a les dents et la mâchoire brisées ! Béni soit Dieu. Ce misérable assoiffé de sang ne boira désormais plus que le sien. » Et, dans un cri, elle s'était évanouie.

On a parfois relaté des cas où plusieurs personnes ont eu simultanément la même vision dans un miroir. Les meilleurs rapports disponibles proviennent de chercheurs dans le domaine paranormal, car ceux-ci sont toujours méticuleux dans la façon de relater les cas.

Citons à cet égard sir Ernest Bennett, premier secrétaire de la Society for Psychical Research de Grande-Bretagne. Celui-ci était intrigué par la nature inexplicable de nombreux phénomènes paranormaux et en particulier de ceux qui se produisent spontanément. Il a rédigé à ce sujet pléthore de rapports dans les revues scientifiques et a soigneusement décrit divers cas de phénomènes paranormaux. Au nombre de ceux-ci, se trouvent différents exemples de visions collectives, dont un dans lequel plusieurs personnes ont vu apparaître la même personne au même instant.

Voici le récit qu'il fait d'une vision qui s'était produite sur une surface identique à un miroir :

3 décembre 1885

Le 5 avril 1875, le père de ma femme, le capitaine Towns, mourait dans sa demeure de Crankbrook, Rose Bay, près de Sydney.

Environ six semaines après sa mort, ma femme se rendit, un soir vers neuf heures, dans l'une des chambres de la maison. Elle était accompagnée d'une jeune fille, miss Berthon, et les deux femmes entraient dans la pièce — les lampes étaient alors allumées en permanence — lorsqu'à leur grande stupéfaction, elles virent, comme réfléchie sur le bois poli de l'armoire, l'image du capitaine Towns. Il n'apparaissait qu'en demi-pied — visage, épaules et une partie des bras — en fait, cela ressemblait à un portrait, mais grandeur nature. Il avait le visage triste et pâle, comme juste avant sa mort ; il portait une sorte de veste de flanelle grise, avec laquelle il avait coutume de dormir. Surprises et en partie affolées par ce qu'elles voyaient, elles crurent tout d'abord qu'on avait accroché dans cette chambre un portrait de lui et que ce qu'elles voyaient n'en était que le reflet — mais il n'y avait aucun portrait dans la pièce.

La sœur de ma femme entra dans la pièce alors qu'elles n'avaient toujours pas compris de quoi il s'agissait, et avant qu'elles aient eu le temps de parler, celle-ci s'exclama : « Dieu du Ciel ! Est-ce que vous voyez papa ? » Comme l'une des bonnes passait à cet instant-là au rez-de-chaussée, on la fit venir et on lui demanda si elle voyait quelque chose. Elle répondit : « Oh ! Miss ! C'est notre maître ! » On envoya alors chercher Graham, le valet du capitaine Towns, et celui-ci s'exclama aussitôt : « Oh ! Seigneur ! Ayez pitié de nous ! Mrs. Lett, c'est le capitaine ! » Puis on fit venir le maître d'hôtel et Mrs. Crane, la nurse de ma femme, qui tous deux dirent ce qu'ils voyaient. Enfin, ce fut au tour de Mrs. Towns qui, voyant l'apparition, s'avança dans sa direction en tendant les bras comme pour la toucher. Mais lorsqu'elle passa sa main sur le panneau de l'armoire, l'apparition s'estompa lentement et, bien que l'on eût soin de laisser régulièrement quelqu'un dans la chambre, on ne la revit jamais.

Ce qu'une vision apporte de positif

Ce récit est signé C.E.W. Lett, gendre du capitaine, et nous est parvenu accompagné des témoignages faits sous serment et signés des différents témoins.

Bennett ne s'intéressa pas aux effets produits par ces apparitions sur ceux qui les avaient eues. Mais je suis certain que ces effets ont été profonds. Nombre de gens sur lesquels j'ai travaillé m'ont déclaré que ces visions avaient soulagé leur désespoir ou même y avaient mis fin. Lorsque j'ai aidé des gens à avoir des apparitions, c'était principalement dans un but thérapeutique, pour dédramatiser leur relation avec le défunt. L'expérience n'a rien de terrifiant ou de perturbateur. Je trouve étonnant que les films et les livres nous transmettent presque toujours la peur du fantôme. Depuis les débuts de l'humanité, les histoires de fantômes parlent toujours d'esprits terrifiants qui reviennent pour « attraper » les vivants. Mais lorsque l'on voit vraiment un fantôme, c'est totalement différent. Les chercheurs qui se sont penchés sur ce sujet ont découvert que ces expériences n'ont rien d'horrifiant. Elles vous laissent perplexe, c'est certain, mais celui qui voit un fantôme ne devient pas fou de peur. Voici la vision, bien caractéristique, qu'eut spontanément une veuve tandis qu'elle regardait par la fenêtre de son hôtel. Il faisait encore nuit dehors et la vitre réfléchissait la pénombre de l'intérieur de la pièce, ce qui donnait à la surface brillante une sorte de profondeur.

> Cela m'est arrivé peu après que mon mari se fut tué dans un accident d'automobile. C'était à la fin de la nuit et, allongée dans mon lit, je regardais fixement la fenêtre. Il faisait encore nuit, et je ne pouvais donc pas voir à l'extérieur, mais je distinguais un carré sombre. Je ne me souviens pas d'avoir pensé à quelque chose de particulier. Je regardais simplement la fenêtre.
>
> Tout d'un coup, je vis un homme qui courait dans ma direction. Il était en costume de bain et ses cheveux étaient mouillés comme s'il arrivait de la plage. J'eus un coup, car je crus reconnaître mon défunt mari ! Il courait droit dans ma direction en souriant. Je sentais son odeur et je sais que si j'avais tendu la main, j'aurais senti que ses cheveux étaient mouillés.
>
> « Tout va bien ici », me dit-il. Il souriait, il avait l'air heureux et j'en fus soulagée. Cette expérience m'a aidée à surmonter mon désespoir, car je ne cessais de penser à la douleur qu'il avait dû ressentir à l'instant où la voiture s'était écrasée.

Dans ce cas précis, voyant que son mari ne souffrait pas après sa mort, l'épouse a pu « boucler la boucle ». L'apparition qu'elle a eue, comme tant d'autres personnes, a eu sur elle un effet positif, car cela lui a permis de surmonter son désespoir. On peut donc en conclure que si l'on favorise une apparition, cela ne peut qu'avoir des effets encore plus positifs.

Le lien naturel

Il existe bien des formes de visions et bien des façons de les faciliter. Cela parce que ces visions sont parmi les phénomènes les plus extraordinaires de l'esprit humain. Mais les psychologues s'y intéressent rarement.

Nombre d'entre nous ont été familiarisés dans leur enfance aux visions de la Bible. Qui d'entre nous n'a pas été surpris par l'histoire d'Ézéchiel de la roue dans la roue, par l'échelle de Jacob ou par le livre des Révélations ? Nous en avons donc conclu que les visionnaires de l'Antiquité étaient des individus singuliers possédant le pouvoir rare et mystérieux de communiquer avec le divin.

Aujourd'hui, on tend à penser que les visions ont quelque chose de pathologique. On soupçonne souvent ceux qui disent avoir des visions d'être des schizophrènes ou des malades atteints de délire. Cette opinion est actuellement en train de changer, car il ressort du nombre croissant d'études démographiques, qu'il est courant, dans la population *normale,* de faire l'expérience de la vision. Quantité d'individus ont même eu des visions tout au cours de leur vie. Craignant d'être pris pour des malades mentaux, ils étaient simplement récalcitrants à en parler.

Les apparitions de défunts étant une forme de vision, nous étudierons les plus courantes de ces visions, et en particulier celles qui peuvent être facilitées par des processus connus. Nous nous limiterons donc à quatre catégories : *la paréidolie, l'hypnagogie, l'incubation de rêve* et *la vision par le miroir.*

Visions dans les nuages ou paréidolie

Il est courant de voir des visages dans les nuages et c'est là un exemple d'illusion visuelle que l'on appelle paréidolie. On la range dans la catégorie des illusions, car on donne à un stimulus externe visible — le nuage — une interprétation qui permet de voir dans le ciel une image chargée de sens.

Si, regardant le ciel, je pointais le doigt sur une image de George Washington, il est probable que la personne qui serait à mes côtés le verrait également. L'une des caractéristiques de la paréidolie, c'est que quand on les fixe, les images ne s'évanouissent pas.

Étant donné que les illusions de la paréidolie découlent d'un stimulus externe, il est possible de les signaler aux autres et différentes personnes ne tarderont pas à être d'accord sur ce que représente l'image. Cela explique les illusions collectives, où un grand nombre des gens voient subitement le visage du Christ sur le mur d'une église, ou la Vierge Marie sur la paroi d'une citerne de pétrole dans le Middle West. Quand, sur un support quel qu'il soit, une personne arrive à distinguer le visage du Christ, par exemple, les autres vont en faire de même. Une fois que les gens voient l'image, il est quasiment impossible de les persuader que ce qu'ils ont vu était là depuis longtemps. Pour les familiers de l'endroit, c'est comme si l'apparition s'était subitement matérialisée sans raison aucune. « Depuis vingt ans, je passais chaque jour en voiture devant ce réservoir d'eau », nous dira un homme après avoir eu une vision. Et il ajoutera : « Si la Vierge Marie avait déjà été là, il y a longtemps que je l'aurais vue. Je suis certain qu'elle ne vient d'apparaître que maintenant ! »

Dès qu'on en parle, les pèlerins accourent sur les lieux de l'apparition. Ceux qui se déplacent ainsi, ont, en général, qu'ils croient à l'apparition ou non, un comportement respectueux. Et les sceptiques restent discrets.

Ces représentations ne sont pas uniquement de nature religieuse. Il y a dans les déserts de l'Égypte des kilomètres carrés qui sont jonchés de boîtes de soda ou recouverts de fossiles de végétaux, ce qui leur donne l'apparence d'une forêt rocailleuse. Nombreux sont alors les voyageurs qui racontent y avoir vu les restes de géants momifiés quand encore ils ne parlent pas de grands voiliers.

La paréidolie est à la base de différentes formes de divination. Lorsque les Kahunas de Hawaii se posent des questions, ils fixent les nuages dans l'espoir que les formes qu'ils y verront apparaître leur donneront la réponse à leurs questions. La capnomancie ou divination à l'aide de volutes de fumée est encore pratiquée par les populations indigènes d'Amérique centrale. En Europe, au Moyen Âge, c'était d'ordinaire les sages-femmes et les jeunes filles vierges qui la pratiquaient. Il y a encore les voyants qui lisent l'avenir dans les formes prises par les feuilles de thé.

Il est arrivé que la paréidolie serve de point de départ à l'apparition de défunts. Ce fut, par exemple, le cas pour le général George Patton qui eut, sur un champ de bataille en France, une vision stupéfiante de ses ancêtres. Voici ce qu'il relate dans ses Mémoires intitulés *Before the Colors Fade* et rédigés par son neveu, Fred Ayer :

> ... Je suis certain que vos ancêtres sont toujours avec vous. Ils vous surveillent. Ils attendent beaucoup de vous.
>
> — Que voulez-vous dire ? lui demandai-je.
>
> — Eh bien, c'est quelque chose que vous savez, ou que vous ne savez pas. Mais parfois, il vous arrive même de le voir. Je me souviens d'un jour en France où nous étions immobilisés sous le feu de l'artillerie lourde allemande. J'étais plaqué au sol, mourant de peur et je n'osais même pas lever la tête. Mais finalement, je me décidai à le faire et levai les yeux en direction d'un groupe de nuages qui rougeoyaient dans le soleil couchant. Et alors, tout aussi clairement que je vous vois, j'ai vu leurs visages, le visage de mon grand-père et de ses frères. Ils ne bougeaient pas les lèvres, ils ne me disaient pas un mot. Ils me regardaient, sans colère aucune, mais d'un air contrarié. Je lisais dans leurs regards et ils me disaient :
>
> « Georgie, Georgie, nous sommes très déçus de te voir ainsi couché à terre. Souviens-toi que nombre de Patton se sont fait tuer, mais qu'il n'y en a jamais eu un qui se soit conduit comme un lâche. »
>
> Je me relevai, saisis mon fusil et repris le commande-

ment. À la fin de la bataille, le colonel George et les autres étaient toujours là, mais cette fois, le sourire aux lèvres. Bien entendu, puisque nous venions de gagner la bataille.

Puisque nous parlons du général Patton qui fut l'une des grandes figures de l'histoire américaine, il est intéressant de signaler qu'il croyait fermement à l'existence des fantômes. Et ce, parce qu'à maintes reprises sur les champs de bataille, il avait vu apparaître son père défunt. Comme il le raconta à Ayer : « Mon père venait le soir dans ma tente, s'asseyait et me parlait. Il m'assurait que lors de la bataille du lendemain, je me comporterais avec courage. Et il était tout aussi réel que dans son bureau de la maison de Lake Vineyard. »

Comment les rêves peuvent avoir un effet thérapeutique

Nous connaissons tous le caducée, symbole mystérieux de la profession de médecin. Entrelacés autour d'un bâton ailé, deux serpents nous contemplent à l'entrée des hôpitaux et sur les plaques des médecins. Mais rares sont ceux d'entre nous qui connaissent la signification de ce symbole. Pour la connaître, il faut repartir dans la Grèce de l'Antiquité, vers les temples d'Esculape où l'on procédait à l'incubation des rêves.

Esculape était un médecin de grande renommée qui, après sa mort, avait été élevé au statut de divinité. On avait donc construit dans tout le pays des sanctuaires en son honneur. Il y en avait au total trois cents, dont le plus connu, celui d'Épidaure, servait de modèle aux autres temples d'incubation des rêves.

Dans un but thérapeutique, on suscitait de fantastiques expériences de visions. Lorsqu'un individu était atteint d'une maladie incurable ou du moins insupportable à ses yeux, il se rendait dans un temple d'Esculape. Les malades entreprenaient donc le voyage pour y faire des rêves chargés de visions dont ils espéraient qu'elles soigneraient leur mal. S'ils avaient de la chance, les patients arrivaient même à y consulter le célèbre médecin.

Le temple d'Épidaure, qui était le plus important, était aménagé de façon que l'on puisse y loger et y nourrir le nombre considérable de patients qui s'y rendaient pour y attendre leur tour. La partie centrale du temple était constituée d'un immense bâtiment appelé *abaton* et entouré d'une cour. Le moment venu, les pèlerins entraient dans la cour et y dormaient jusqu'à ce qu'ils rêvent qu'Esculape, vêtu d'un manteau de fourrure et portant le caducée, leur apparaissait et les invitait à pénétrer dans l'abaton.

Le malade entrait alors dans le temple, vaste pièce meublée de lits étroits que l'on appelait *klinis*. Ces lits ressemblaient à des canapés, dont une extrémité était inclinée de 45 degrés, de façon que la tête et le torse du patient soient légèrement surélevés par rapport aux hanches et aux jambes. C'est de ces klinis que vient notre mot clinique.

Esculape, pensait-on, se rendait dans l'abaton

durant la nuit. Revêtu très probablement de son manteau de fourrure et portant le caducée, il faisait savoir au malade combien il était tendrement préoccupé par son sort et il le soignait. Dans de nombreux cas consignés par écrit, ses prescriptions et ses méthodes ont eu pour résultat des guérisons fulgurantes.

Les patients reconnaissants payaient alors des tailleurs de pierre qui gravaient tous les détails de la maladie, de la vision et du traitement sur des piliers de façon que les autres pèlerins soient au courant de ces miracles. Deux mille ans plus tard, le récit de ces cas cliniques est encore fascinant :

> Un homme dont tous les doigts, sauf un, étaient paralysés, vint trouver le dieu. À la lecture des tablettes du temple, il ne cacha pas son incrédulité et rit des inscriptions. Mais dans son sommeil, il eut une vision. Il lui sembla qu'alors qu'il jouait aux dés en dessous du temple, et allait jeter le dé, le dieu lui apparut, se jeta sur sa main et lui étira les doigts. Lorsque le dieu s'éloigna, le patient eut l'impression qu'il pouvait plier la main et il étira ses doigts les uns après les autres. Lorsqu'il les eut étirés, le dieu lui demanda simplement si désormais il persisterait à ne pas croire ce qui était inscrit sur les tablettes du temple. « Puisque, au départ, tu n'as pas voulu croire à mes guérisons qui te semblaient incroyables, tu t'appelleras désormais l'Incrédule. » Lorsque le jour pointa, l'homme était guéri.

> Ambrosia, femme d'Athènes, était aveugle d'un œil. Elle vint demander l'aide du dieu. Se promenant autour du temple, elle riait en voyant certains récits gravés dans la pierre, trouvant incroyable, impossible, que l'aveugle et le

paralytique puissent être guéris en faisant simplement un rêve. Mais durant son sommeil, elle eut une vision. Il lui sembla que le dieu était debout à côté d'elle et lui disait qu'il allait la guérir, mais qu'en contrepartie il lui demandait qu'elle offre au temple un cochon en argent, signe de son ignorance. Après lui avoir dit cela, il pratiqua une entaille dans l'œil malade et y versa une potion. Lorsque le jour revint, elle était guérie.

Un homme rêva que, frappé d'un coup d'épée au ventre par Esculape, il mourait. En réalité, le coup d'épée soigna l'abcès qu'il avait à cet endroit.

Pandore, qui habitait à Salonique, avait une cicatrice sur le front. Durant son sommeil, il eut une vision. Il lui sembla que le dieu lui bandait la tête, lui ordonnait d'ôter le bandage lorsqu'il sortirait de l'abaton et de le donner ensuite en offrande au temple. Lorsque le jour revint, il se leva, ôta le bandage et vit que la cicatrice avait disparu ; il donna alors en offrande au temple le bandage sur lequel apparaissait la cicatrice qu'il avait au front.

Les Grecs n'étaient pas les seuls à procéder ainsi à l'incubation des rêves. On a retrouvé ce processus dans de nombreuses cultures du monde, dans l'Égypte ancienne, la Mésopotamie, à Canaan, et en Israël. Le rêve de Salomon en est l'exemple le plus frappant. « Dieu apparut en rêve à Salomon au cours de la nuit » et il lui demanda ce qu'il pouvait donner au fils de David.

« Donne à ton serviteur un cœur plein d'amour pour juger ton peuple, un cœur qui lui permette de faire la différence entre le bien et le mal : car qui peut juger un aussi grand peuple ? »

C'est au cours de ce rêve où Dieu lui apparut que Salomon trouva la sagesse qui lui permit désormais de régner sur Israël.

Le rituel de l'incubation des rêves était très important au Japon où il se perpétua jusqu'au XVe siècle. Les pèlerins qui n'arrivaient pas à résoudre un problème se rendaient en un endroit sacré dans l'espoir que la divinité les aiderait à faire un rêve. Ils trouvaient dans ces rêves la solution de leur problème.

De nombreux récits de ces apparitions sont arrivés jusqu'à nous, et ils sont identiques à ceux de la Grèce. Des entités apparaissaient sous forme de vision, soignaient les maux, et parfois, comme dans les abatons, se livraient, au cours du rêve, à une forme de chirurgie.

Au Japon, ce rite remonte au IVe ou Ve siècle. À cette époque-là, seul l'empereur était autorisé à communiquer avec d'autres dimensions, et l'incubation des rêves était l'une de ses grandes obligations spirituelles. Il y avait donc dans son palais une pièce réservée à cet usage où se trouvait un lit appelé *kamudoko*.

Il y eut, jusqu'à une époque récente, lors de la cérémonie de couronnement de l'empereur, un lit appelé *shinza,* qui était tout à fait similaire aux klinis d'Esculape. Mais comme l'empereur n'utilisait pas ce lit durant la cérémonie, sa signification première a disparu. Il ne fait cependant aucun doute que dans les temps plus anciens, ce lit était prévu pour ce rituel.

Ceux qui ont étudié la psychologie de l'inconscient me rétorqueront que ces apparitions n'étaient qu'une forme de communication du patient avec son inconscient, mais il est impossible de comprendre totalement les nombreuses énigmes qui proviennent de ces rêves auxquels les sujets se préparaient.

Les chercheurs eux-mêmes font une distinction très nette entre ces apparitions et les rêves ordinaires. En fait, nombre des patients dont la Grèce antique nous fait le récit insistèrent sur le fait que ces visions s'étaient produites alors qu'ils étaient dans un état intermédiaire entre le sommeil et l'état de veille. Cela nous amène à un autre type d'état propice à la vision et tout à fait fascinant : on peut y entrer à dessein.

La réalité semi-consciente de l'hypnagogie

On appelle traditionnellement « hypnagogie » cet « état crépusculaire » qui se situe entre la conscience éveillée et le sommeil. Dans l'hypnagogie, le sujet voit ce que lui livre son inconscient. Il peut s'agir d'éclairs de couleurs vives ou de séquences de rêves. Mais il arrive aussi que ces images, plus vraies qu'en réalité, aient une signification puissante.

Dans ce cas, le sujet entre dans un état hypnagogique alors qu'il est en mouvement et en train de faire des choses parfaitement courantes. C'est par cet état d'hypnagogie éveillée que l'on explique comment certains ont vu des feux follets en Irlande ou des trolls dans d'autres pays du monde. Cela explique également ce phénomène bizarre que l'on appelle « l'homme qui disparaît », où, de nuit, le sujet voit, par exemple, quelqu'un se diriger vers lui dans la rue, et disparaître brutalement.

Charles Dickens décrit une expérience de ce type. Il a raconté à un ami qu'une nuit, alors qu'il marchait dans une rue de Londres, il avait entendu derrière lui le pas d'un cheval. Se retournant, il avait aperçu un homme qui tentait de maîtriser un cheval devenu fou. Pour laisser le passage au cheval, Dickens s'était jeté sous une porte. Mais lorsqu'il s'était retourné, le cheval et son cavalier avaient disparu. Il n'y avait plus personne à l'horizon.

Un grand pourcentage de gens normaux ont fait l'expérience de ces images très vivantes qui apparaissent lorsqu'on est sur le point de s'endormir. Ce sont des images aux couleurs vives qui, parfois, prennent des tournures surréalistes.

Les génies créatifs ont souvent fait appel à ces états hypnagogiques pour résoudre des problèmes. L'un de ceux qui a fait appel à cette technique n'était autre que Thomas Edison. Celui-ci avait l'habitude de passer la nuit dans son bureau lorsqu'il ne trouvait pas la solution d'un problème.

Il réalisa très vite que malheureusement, lorsqu'on est en état d'hypnagogie, on sombre facilement dans un sommeil profond. Et une fois endormi, on oublie les images qui se sont produites. Pour éviter cela, Edison imagina donc de somnoler en tenant une boule de métal dans chaque main. De part et d'autre de son fauteuil, il plaça des bassines en métal. Lorsqu'il commençait à glisser dans le sommeil, les boules tombaient de ses mains et atterrissaient dans les bassines. Il se réveillait alors en se souvenant parfaitement de son expérience hypnagogique.

Ce que j'ai vu apparaître dans un miroir

Après avoir dirigé un certain nombre de séances au cours desquelles on avait favorisé des apparitions, je décidai d'en voir une moi-même. Il en est résulté une rencontre qui a totalement modifié ma façon de voir la vie.

Au début, j'eus un dilemme. J'avais des doutes quant à l'opportunité de servir moi-même de sujet d'expérience. Car si je consentais à le faire, et que j'aie une apparition, j'aurais peut-être du mal à rester objectif. Si je me cantonnais dans un rôle de chercheur, me disais-je, je serais dans une position plus neutre pour juger les récits faits par les personnes sur lesquelles avaient porté mes expériences.

D'un autre côté, grande était pour moi la tentation d'essayer, car dès mon enfance, j'avais été fasciné par le fonctionnement du cerveau humain et j'avais toujours rêvé de savoir à quoi ressemblait une apparition.

Après avoir écouté les récits d'un certain

nombre de mes sujets, je succombai à la tentation et décidai d'entreprendre un voyage dans mon propre Royaume intermédiaire.

Ce qui me déroutait le plus dans les apparitions qu'avaient eues mes sujets, c'est que, selon eux, ces rencontres étaient réelles et non le fruit de leur imagination. Cela me laissait d'autant plus perplexe que j'avais à dessein choisi comme sujets des gens tout à fait sensés, les pieds sur terre. J'imaginais au départ qu'aucun d'eux n'allait m'affirmer que cette rencontre avait été réelle. Je m'attendais à ce qu'ils me racontent que cette vision correspondait au genre d'image que l'on a dans le rêve, mais ce ne fut justement pas le cas. Ceux qui avaient eu des visions insistèrent l'un après l'autre sur le fait qu'ils avaient réellement été en présence de leur défunt. « Je savais que c'était ma mère », me dit l'un d'eux. Et pratiquement tous les autres me décrivirent cette expérience comme étant « plus vraie que la réalité ».

J'étais convaincu que si je voyais une apparition, elle serait différente. « Si je fais une expérience de ce genre, songeai-je, je ne serais pas assez fou pour croire qu'elle est réelle. »

Je choisis d'essayer de voir ma grand-mère maternelle. Je suis né durant la Seconde Guerre mondiale, et le jour de ma naissance, mon père fut expédié au-delà des mers. Il fut absent pendant dix-huit mois, et ce fut donc ma grand-mère maternelle qui assuma la plus grande partie de ses responsabilités. Elle fit cela à merveille et je l'ai toujours considérée comme quelqu'un de doux, de sage, de compréhensif qui compta beaucoup pour moi. Depuis sa mort, elle m'avait souvent manqué et je serais ravi de la revoir, sous quelque forme que ce soit.

Je passai donc un jour plusieurs heures à me préparer à la voir apparaître. Je me remémorai de nombreux souvenirs et regardai ses photos où elle exprimait une tendre affection.

Puis je m'installai dans un endroit que j'appelle « le box d'apparition » et, dans la lumière tamisée de la pièce, je fixai un grand miroir, orienté de telle façon que ce que je voyais était comme en trois dimensions. Je passai ainsi une heure sans nullement sentir sa présence. Je finis par abandonner en concluant que j'étais quelqu'un de parfaitement fermé aux apparitions.

Ce n'est que plus tard, alors que j'avais renoncé à l'expérience, que je fis une rencontre qui bouleversa ma vie. Ce qui se produisit modifia presque radicalement ma conception de la réalité. Et je compris alors pourquoi nombre de mes sujets qui avaient eu une apparition déclaraient qu'ils n'étaient désormais plus les mêmes.

Ces expériences sont ineffables et il est difficile, pour ne pas dire impossible, de les décrire avec des mots. Je vais néanmoins tenter de décrire la mienne, car il me semble essentiel de faire le récit de ce que j'ai personnellement vécu.

J'étais assis, seul dans une pièce, lorsqu'une femme est rentrée le plus naturellement du monde.

Dès que je l'ai vue, j'ai été certain que c'était quelqu'un que je connaissais bien, mais cela s'est passé si rapidement qu'il m'a fallu quelques instants pour avoir la présence d'esprit de la saluer poliment. En probablement moins d'une minute, je compris que cette femme était ma grand-mère paternelle, décédée quelques années plus tôt. Je me souviens de m'être alors exclamé « Grand-maman ! » en levant les mains vers mon visage.

Avec un respect mêlé de crainte, je la regardai alors droit dans les yeux. C'est avec amour et gentillesse, en s'adressant à moi par le surnom qu'elle était la seule à me donner lorsque j'étais enfant, qu'elle me confirma qui elle était. Lorsque je compris, un flot de souvenirs me revint à l'esprit. Mais ce n'était pas uniquement de bons souvenirs. En fait, certains d'entre eux étaient même franchement déplaisants. Si tous les souvenirs que j'ai de ma grand-mère maternelle sont positifs, je n'en dirais pas autant de ma grand-mère paternelle.

Je me souvins entre autres qu'elle avait la désagréable habitude de nous répéter tous les ans : « Ce sera mon dernier Noël ! » Habitude à laquelle elle ne dérogea jamais pendant les quelque vingt dernières années de sa vie.

Elle passait également son temps lorsque j'étais jeune à me dire que j'irais en enfer si je ne respectais pas les commandements de Dieu, tels, bien entendu, qu'elle les interprétait. C'est ainsi qu'elle m'avait un jour lavé la bouche avec du savon parce que j'avais prononcé ce qui, à son sens, était un gros mot. Elle m'avait aussi déclaré, lorsque j'étais enfant, que c'était un péché que de monter en avion. Elle était d'un naturel revêche et négatif.

Mais en regardant l'apparition droit dans les yeux, je sentis rapidement que la femme qui était devant moi avait changé de façon très positive. Je ressentais une chaleur, un amour, une empathie et une compassion qui dépassaient de loin mon entendement. Il émanait d'elle une impression d'amusement, de calme et de bonheur.

Si je ne l'ai pas reconnue dès la première seconde, c'est tout simplement parce qu'elle m'est apparue bien plus jeune qu'au moment de sa mort, et en fait, plus jeune que lorsque j'étais né. Je ne me souviens pas d'avoir jamais vu de photographie d'elle à l'âge où elle m'est apparue, mais peu importe, puisque ce n'est pas à son apparence physique que je l'ai reconnue. C'est plutôt par la qualité de sa présence, par les souvenirs qui me sont revenus à l'esprit et dont nous avons parlé ensemble, que j'ai su qui elle était. Pour moi, il était clair que c'était ma grand-mère. Je l'aurais reconnue quoi qu'il arrive.

Je tiens à insister sur le fait que cette rencontre était quelque chose de parfaitement naturel. Comme ce fut le cas pour toutes les personnes sur lesquelles a porté mon étude, cette rencontre n'avait rien d'inquiétant ou de bizarre. C'était en fait la première fois que je la voyais de façon aussi naturelle, aussi satisfaisante.

Notre rencontre tourna uniquement autour de notre relation. Et pendant tout le temps qu'elle dura, je restai quelque peu stupéfait de me trouver apparemment en présence de quelqu'un de mort sans que cela gêne nullement ce que nous avions à nous dire. Elle était devant moi, et, pour aussi ahurissant que cela puisse paraître, j'acceptais cela comme allant de soi et continuais à discuter avec elle.

Nous avons parlé du passé et d'incidents précis de mon enfance. De temps à autre, elle me rappelait différents événements de mon enfance que j'avais oubliés. Elle me révéla également un élément caché concernant ma famille, et j'en fus très surpris, mais rétrospectivement, cela a un sens. Étant donné que les intéressés sont toujours vivants, j'ai décidé de garder cela pour moi. Mais il n'en demeure pas moins que ce qu'elle m'a révélé a considérablement changé ma vie et que je me sens beaucoup mieux depuis que je l'ai entendue.

Je viens de dire « entendue » au sens littéral du terme. Car j'ai clairement entendu sa voix. La différence était que cette voix, plus claire et plus forte que de son vivant, avait quelque chose de métallique, comme si elle « craquait ». Ceux qui avaient fait cette expérience avant moi m'avaient parlé de télépathie, de communication d'un esprit à l'autre. Ce fut la même chose pour moi. Car, si la plus grande partie de notre conversation s'est passée avec des mots, il m'arrivait aussi de savoir dans la seconde ce qu'elle pensait et la réciproque était exacte également.

Elle ne m'est nullement apparue « fantomatique » ou transparente. Elle semblait bien avoir sa « consistance » habituelle. Elle ne différait en rien des autres gens, si ce n'est qu'elle était entourée d'une sorte de lumière, ou qu'elle se découpait dans l'espace comme si elle était détachée, éloignée de son environnement matériel.

Pour une raison que je ne connais pas, elle ne me laissa pas la toucher. Je m'avançai deux ou trois fois pour la prendre dans mes bras, mais de la main, elle me fit signe de reprendre mes distances. Elle tenait visiblement à ce que je ne la touche pas et je n'essayai plus.

Je ne sais combien de temps notre rencontre a duré en temps réel. Probablement un temps assez long, mais j'étais si absorbé que je ne regardai pas l'heure. Si je me réfère à toutes les pensées, tous les sentiments que nous avons échangés, cela semble avoir duré deux heures, mais j'ai l'impression que, calculé en ce que nous appelons « le temps réel », cela a été bien plus court.

Comment notre rencontre s'est-elle terminée ? J'étais tellement absorbé, que je lui ai juste dit « au revoir ». Nous sommes convenus que nous nous reverrions et je suis simplement sorti de la pièce. Lorsque j'y retournai, elle n'était plus là. L'apparition de ma grand-mère s'était évanouie.

Ce qui s'est produit ce jour-là a apaisé notre relation. Pour la première fois de ma vie, j'appréciai son humour et compris certaines des difficultés qu'elle avait traversées. Je l'aime maintenant comme je ne l'avais pas aimée auparavant.

Cette expérience m'a aussi totalement convaincu que ce que nous appelons la mort n'est pas la fin de la vie.

Je comprends pourquoi les autres pensent que ces apparitions ne sont que des hallucinations. Ayant l'habitude des états de conscience altérés, je peux dire que lorsque j'ai vu ce jour-là ma grand-mère, elle n'était en rien différente de la grand-mère que j'avais connue toute ma vie. Si je devais qualifier cette rencontre d'hallucination, autant dire alors que toute ma vie n'avait été elle aussi qu'une hallucination.

Le besoin de voir

Cette rencontre m'a permis de comprendre pourquoi ceux qui cherchent à voir apparaître quelqu'un ne voient pas nécessairement la personne qu'ils souhaitent. Ma propre expérience m'incite à penser que l'on voit la personne que l'on a *besoin* de voir.

En ce qui me concerne, ma relation avec ma grand-mère maternelle avait été paisible, alors que celle avec ma grand-mère paternelle avait été chaotique. On tire donc probablement un plus grand bénéfice d'une rencontre avec quelqu'un avec qui la relation n'était pas facile.

Dans la majorité des cas, la personne que l'on désire voir est celle que l'on a également besoin de rencontrer. Lorsqu'il s'agit de la même personne, la rencontre se déroule comme on le souhaite, mais si ce n'est pas le cas, la nécessité l'emportera.

Je me dois aussi, après l'expérience que j'ai faite, de présenter des excuses à ma vieille amie, le Dr Élisabeth Kubler-Ross. En 1977, Élisabeth m'avait raconté comment elle avait vu apparaître une de ses anciennes malades décédée. D'après ce qu'elle m'avait dit, Élisabeth traversait un hall et partait en direction de son bureau lorsqu'elle remarqua subitement une femme debout dans un couloir.

Elles échangèrent quelques mots et Élisabeth conduisit la femme dans son bureau. Quelques minutes plus tard, se penchant vers la femme, Élisabeth lui déclara : « Je vous connais. » Elle venait en effet de reconnaître Mme Schwartz, une des patientes à laquelle elle s'était attachée et qui était décédée quelques mois plus tôt. Mme Schwartz lui déclara qu'en effet elle ne s'était pas trompée, et elles continuèrent à parler pendant encore quelque temps.

Je me souviens que lorsque Élisabeth m'avait raconté cette histoire, je m'étais insurgé. « Élisabeth, je vous en prie, lui avais-je dit, comment se fait-il, si vous la connaissiez si bien, que vous ne l'ayez pas reconnue dès la première seconde ? »

Je suis obligé d'avouer que, des années plus tard, je comprends enfin ce qui s'est produit. Mon expérience, comme celle des autres, m'a appris que lorsque les défunts apparaissent, ils ne ressemblent pas exactement à ce qu'ils étaient au moment de leur mort. Ils ont curieusement — ou peut-être est-ce normal ? — l'air plus jeune et moins angoissé, mais il n'en demeure pas moins qu'on les reconnaît.

Il ressortirait donc de ma première expérience personnelle que la vision par le miroir constitue un lien naturel entre les apparitions de défunts qui sont spontanées et celles qui sont facilitées.

La suite de mes recherches m'a convaincu que la vision par le miroir a été utilisée avec des résultats étonnants au cours de l'histoire.

Disparition du processus de vision dans un miroir

Il m'est apparu au cours de mes recherches que la vision par le miroir s'était, au cours des siècles, heurtée à un formidable discrédit, pour ensuite être interdite, de telle sorte que ce qu'il en reste aujourd'hui n'est qu'une infime partie de la réalité sociale qu'elle fut jadis. Elle n'est plus que l'écho d'un passé ancien, écho déformé par ceux qui, plutôt que d'essayer de comprendre en quoi elle pouvait être intéressante, ont préféré la taxer de superstition.

L'histoire tragique de Kenneth MacKenzie illustre bien à quel point il était dangereux de parler de visions dans un miroir. Kenneth MacKenzie vivait en Écosse au XVe siècle et avait la réputation de si bien voir dans les miroirs qu'une reine (elles étaient fort nombreuses dans cette société féodale) lui avait demandé d'utiliser ce processus pour espionner son époux qui se trouvait alors sur le continent. MacKenzie fixa donc son miroir et y vit le roi en train de basculer gaiement une autre femme.

Il s'avéra que la vision qu'avait eue MacKenzie correspondait parfaitement à la réalité, mais MacKenzie commit l'erreur fatale de dire à la reine ce qu'il avait vu. Celle-ci fut prise d'une telle colère qu'elle ordonna qu'on l'exécute en le jetant tête la première dans un baril de poix.

Ainsi donc il en allait, à l'époque, de ceux qui voyaient dans les miroirs.

Mes recherches m'ont permis de découvrir sept des motivations pour lesquelles la société a tenté de supprimer la technique du miroir. Je vais donc maintenant exposer ces différentes motivations et tenter de discerner si elles ont un sens, et si elles relèvent de la pensée collective ou individuelle.

La peur de l'inconscient

Il existe certaines dimensions de l'esprit dont nous ne sommes pas d'ordinaire conscients. Freud, Jung et d'autres précurseurs de la psychologie ont permis de découvrir certaines de ces régions, et il ne fait nul doute que le processus va se poursuivre. Il reste, tout bien réfléchi, encore de nombreuses choses à apprendre au sujet de l'esprit humain.

L'une des choses que l'on sait maintenant, c'est

que l'angoisse résulte souvent du fait qu'une pensée désagréable, un souvenir ou une pulsion menace d'émerger du niveau inconscient au niveau conscient. Freud appelait ce mécanisme bien courant « signal d'angoisse ».

Si un certain nombre de gens considèrent comme tabou que l'on regarde dans les miroirs, c'est parce qu'ils craignent que le contenu inconscient de l'esprit n'émerge brutalement au stade conscient. Les gens redoutent que, si ces souvenirs inconscients ou ces sentiments reviennent à la surface, il ne se passe quelque chose de terrifiant. Certains craignent de ne plus pouvoir alors maîtriser leurs émotions, de perdre le contrôle d'eux-mêmes, ou de se mettre, de façon irrémédiable, dans des situations embarrassantes.

Par le miroir, l'inconscient refait surface. Mais cette émergence ne constitue nullement, comme nombre de gens le craignent, un événement désagréable. Cela permet, bien souvent, de progresser.

Si certains dénoncent les visions par le miroir comme faisant resurgir des pensées ou des pulsions menaçantes, je ne peux, en ce qui me concerne et fort de mon expérience, qu'en vanter les mérites. Je rejoins en cela W. R. Halliday, chercheur bien connu dans ce domaine, dans ce qu'il écrivait en 1913 dans son ouvrage *Greek Divination*[1]. En sept ans de recherches systématiques sur le sujet, c'est le seul récit que j'aie trouvé où une vision dans un miroir s'avéra

1. *Greek Divination* : la divination en Grèce.

être, d'un point de vue psychologique, un fâcheux événement.

Dans ce récit, Halliday taxe la vision par le miroir de superstition pouvant donner :

« Des résultats plus sérieux et tragiques dans les classes sociales qui n'ont pas le même nombre de chances d'accéder à un certain niveau de discernement. Le journal *Manchester Guardian* du 28 octobre 1909 relatait l'enquête à laquelle avait procédé un coroner[1] sur le décès de la femme d'un facteur de Cardiff qui s'était suicidée au gaz. Le beau-père de celle-ci déclara qu'une semaine plus tôt, alors qu'elle revenait de chez un diseur de bonne aventure, elle avait dit : " Lorsqu'il m'a demandé de me regarder dans la boule de cristal, je me suis vue assise sur une chaise et me suicidant au gaz. " »

La conclusion que tire Halliday de ce triste incident, c'est que l'on devrait bien se garder de consulter ceux qui regardent dans les miroirs. Mais je suis certain que pour la plupart des psychiatres, il ne fait aucun doute que si cette femme s'est suicidée, ce n'est nullement, comme le sous-entend Halliday, à cause de ce qu'elle a vu dans le miroir. Il ne faut en effet pas permuter la relation de cause à effet : si cette femme a eu cette vision, et si d'ailleurs elle s'est rendue chez un diseur de bonne aventure, c'est précisément parce qu'elle était en état dépressif. Elle

1. Coroner : membre du Parquet officiellement chargé de déterminer les causes d'un décès *(N.d.T.)*.

était déjà suicidaire avant d'aller consulter la boule de cristal. Et ce qu'elle y a vu n'était que le reflet de ses pensées inconscientes.

On pourrait donc conclure, du récit que nous fait Halliday, que la vision par le miroir permet de détecter et de diagnostiquer des désordres psychologiques ou émotionnels et, dans ce cas précis, un état dépressif.

Raisons d'ordre théologique

Les autorités religieuses ont, au cours du temps, interdit la pratique de la vision par le miroir, car elle impliquait à leurs yeux un commerce avec des forces démoniaques.

Nombre de conciles et d'institutions n'ont fait que renforcer cette croyance. Au ve siècle, par exemple, un synode tenu par saint Patrick avait déclaré que tout chrétien qui croirait que l'on peut voir un esprit dans un miroir serait excommunié, à moins qu'il ne renonce à cette croyance et ne fasse pénitence.

Hinmarus, archevêque français du IXe siècle, avait lui aussi condamné l'hydromancie — technique permettant d'avoir des visions dans l'eau. En 1398, la faculté de théologie de Paris avait déclaré que les « specularii » qui allaient de ville en ville, faisant commerce de visions dans le miroir, étaient des envoyés de Satan.

L'Inquisition avait jeté en prison le comte de Cagliostro à cause de ses pratiques, au nombre desquelles celle de la vision dans le miroir. De telles condamnations continuent dans le monde contemporain. D'après une coupure de presse de 1979, deux femmes auraient été bannies de l'Église baptiste d'Independance, dans le Missouri, pour avoir prédit l'avenir dans des boules de cristal.

Le devenir des Églises repose largement sur leur capacité à imposer, parmi leurs membres, des croyances rigides concernant le corps et l'esprit. Cela implique qu'on dissuade les adeptes de rechercher des expériences spirituelles non orthodoxes. Il se pourrait, après tout, qu'un esprit pionnier en matière de psychologie, membre de la congrégation, soit tenté d'explorer des domaines cachés du moi et n'en arrive à des découvertes peu compatibles avec la doctrine officielle.

Et lorsque des communautés religieuses avancent que, dans le miroir, ce sont des forces diaboliques qui tentent de nous corrompre, je vois là, soit une tentative de nous faire, par la terreur, rejoindre l'orthodoxie, soit la manifestation déguisée de cette même peur de l'inconscient dont je parlais plus haut.

Et je suis certain que les mots que je rédige actuellement à propos du diable sont loin d'être les derniers. Je suis parfaitement sérieux lorsque je dis que je n'ai nullement l'intention de mettre en cause les esprits qui croient à l'existence objective du diable. En ce qui concerne la vision par le miroir, je peux simplement dire que les autorités religieuses commettent une grave erreur théologique lorsqu'elles la relient aux pratiques démoniaques, car il est fort probable qu'un des grands personnages de la Bible y avait recours pour entrer en contact avec le divin. Joseph regardait en effet dans le fond d'une tasse d'argent qui ne le quittait jamais.

Il existe cependant au moins cinq passages de la Bible dans lesquels on condamne le fait de voir les défunts, et certaines de ces déclarations sont attribuées à Dieu lui-même. En voici trois :

> Ne vous tournez pas vers les revenants ni vers les esprits ; ne les recherchez pas pour vous rendre impurs en leur compagnie. C'est moi le Seigneur, votre Dieu.
>
> Lévitique 19,31

> Celui qui se tourne vers les revenants et vers les esprits pour se prostituer avec eux, je me retournerai contre celui-là et je le retrancherai du sein de son peuple.
>
> Lévitique, 20,6

> Quand un homme ou une femme sont habités par un revenant ou un esprit, ils seront mis à mort ; on les lapidera, leur sang retombe sur eux.
>
> Lévitique, 20,27

Il ne faudrait pas se méprendre sur la signification de ces passages. Car, en replaçant ces versets dans leur contexte, j'ai moins le sentiment d'avoir violé la parole de Dieu que d'avoir détecté l'un de ces domaines dans lesquels les valeurs anciennes se heurtent à la modernité des temps. Voici ces passages replacés dans leur contexte :

> Le Seigneur adressa la parole à Moïse... N'accouple pas deux espèces différentes de ton bétail ; ne sème pas dans ton champ deux semences différentes ; ne porte pas de vêtement en étoffe hybride, tissée de deux fibres différentes... Ne taillez pas en rond le bord de votre chevelure et ne supprime pas ta barbe sur les côtés... Ne vous tournez pas vers les revenants ni vers les esprits, ne les recherchez pas pour vous rendre impurs en leur compagnie... Ne vous faites pas dessiner de tatouage. C'est moi le Seigneur, votre Dieu... Ne commettez pas d'injustice dans ce qui est réglementé : dans les mesures de poids, de longueur et de capacité. Ayez des balances justes, des poids justes, un épha juste et un hîn juste... Celui qui se tourne vers les revenants et vers les esprits, je le retrancherai du sein de son peuple... Quand un homme commet l'adultère avec la femme de son prochain, ils seront mis à mort, l'homme adultère aussi bien que la femme adultère.

Et ainsi de suite. Lorsque les fondamentalistes m'avancent, en se référant à la Bible, des objections au sujet des revenants et des esprits, je m'empresse de leur relire les passages qu'ils citent en les replaçant dans leur contexte. Car suivre les règles divines, ne serait-ce que dans le passage que je viens de citer, impliquerait qu'un orthodoxe devrait s'abstenir de : porter un vêtement hybride tissé de deux fibres différentes, tailler sa chevelure, supprimer sa barbe sur les côtés, se faire dessiner un tatouage, semer dans son champ deux semences différentes, etc.

Quand ceux qui lisent dans les miroirs sont des charlatans

On a prétendu que le fait de regarder dans les miroirs relevait de la tromperie, de la supercherie et, si l'on se réfère à l'histoire, nul doute que cela ne soit en partie justifié. Il est clair que, pour des raisons purement pécuniaires, certains n'ont pas hésité à infliger les pires déceptions à ceux qui les consultaient.

La littérature populaire a également traité ce thème. Personne n'a oublié le faux diseur de bonne aventure décrit dans *Le Magicien d'Oz* qui, grâce à un trucage caché derrière un rideau, faisait jaillir de la vapeur et des bruits. « Je suis le magicien ! », criait ce simple mortel en faisant apparaître, plus grande que nature, sa propre image effrayante sur un gigantesque écran de cinéma.

Cela rappelle l'archevêque catholique Hippolyte tel que le décrit E. R. Dodds :

« Hippolyte compte au nombre de ses astuces un système permettant de simuler ce qu'il prétend voir ou entendre. Il s'agit d'un chaudron rempli d'eau, dont le fond transparent est placé au-dessus d'une petite lucarne, ce qui permet à celui qui examine le fond du chaudron de voir (et aussi d'entendre ?) dans les profondeurs certains démons, qui ne sont autres que les complices du magicien, assis dans la pièce située au-dessous. »

Devant de tels abus, la société a jugé bon de

rédiger des lois visant à protéger les individus de ces devins peu scrupuleux. Mais aucune de ces lois ne saurait justifier l'interdit total porté sur la vision par le miroir.

En réalité, c'est parce que le public connaît mal la nature des visions par le miroir, qu'il est d'autant plus facile pour les charlatans d'abuser leurs victimes. Il est manifestement aisé pour eux de prétendre détenir des pouvoirs inhabituels en « produisant » tout simplement ces phénomènes.

C'est ainsi que certaines personnes sont venues me trouver parce que précisément elles pensaient que voir dans un miroir relevait de la supercherie. Ces gens ont néanmoins eu le courage de se prêter à l'expérience et leurs efforts ont été couronnés de succès.

Je me souviens, par exemple, qu'à l'issue d'une conférence que j'avais donnée sur ce sujet à Seattle, un médecin est venu me dire que les visions dans les miroirs résultaient simplement de la suggestion. Il sous-entendait que des gens « équilibrés » ne pouvaient avoir de vision. Je lui suggérai de m'accompagner dans ma chambre d'hôtel, tirai les rideaux et tamisai la lumière. Je le fis asseoir devant un miroir orienté de telle sorte que celui-ci donnait une notion de profondeur et lui demandai de se détendre tout en fixant le miroir. En dépit de ses doutes, il s'avéra qu'il était un excellent sujet. Car, au bout de quelques minutes, il me dit qu'il voyait dans le miroir des nuages suivis de formes géométriques. Nous avons considéré que la séance était terminée lorsqu'il a vu apparaître des visages.

« Je comprends de quoi vous parlez, me déclara-t-il subjugué, cela marche. »

Un phénomène qui va à l'encontre de la technologie moderne

Nous sommes arrivés au point où nous avons si bien intégré les progrès technologiques dans notre vie quotidienne, que la plupart d'entre nous ne sauraient survivre sans les machines.

Ce rôle important joué par la technologie explique que notre rythme de vie s'est accéléré d'une façon inconcevable il y a un siècle. Ce rythme accéléré a pour résultat de décourager les gens de jouir des délices qu'apportent les états de conscience altérée, états qui, la plupart du temps, impliquent que l'on ralentisse le rythme et que l'on pense de façon contraire à nos habitudes.

Les progrès technologiques ont également remplacé certains des usages anciens de la vision dans le miroir. La télévision, le téléphone, les psychiatres se sont substitués au désir et au besoin de plonger dans son inconscient autant par curiosité que pour le simple plaisir de le faire.

Regarder dans les miroirs sous-entend une disposition d'esprit bien différente de celle que nous avons couramment aujourd'hui. C'est pourquoi, pour s'y préparer, il faut avant tout savoir ralentir son rythme de vie et tenter d'entrer, si on le veut bien, dans une échelle de temps totalement différente.

J'ai conçu un cadre qui sort les sujets du xxe siècle et les replace dans un temps plus lent, plus compatible avec les états de conscience altérée que l'on essaie d'induire. Si vous prétendez faciliter une apparition, il conviendra que vous en fassiez de même dans votre propre environnement.

La vision dans les miroirs n'a rien de scientifique

La méthode scientifique est un mode d'observation, de pensée et de raisonnement qui dépend largement d'un état d'esprit vigilant, concentré, critique et réfléchi.

Étant donné que, dans le monde moderne, notre environnement découle en grande partie de la méthode scientifique, il n'est pas surprenant que la pensée scientifique soit « officiellement reconnue ». Nombre de gens considéreront tout autre mode de pensée comme relevant, à des degrés variables, du charlatanisme.

Il y a long à dire sur cette attitude, car un coup d'œil dans l'histoire suffit à nous convaincre d'être profondément reconnaissants à la pensée scientifique de s'être fait jour.

Mais l'attitude scientifique contemporaine, reposant comme elle le fait sur l'esprit critique, traite avec un certain mépris les états de conscience altérée. La plupart des scientifiques considèrent que l'esprit critique ou le raisonnement vont de pair avec la vérité, et que les autres niveaux de conscience sont « irréels », « trompeurs », voire « illusoires » pour ne pas dire « hallucinatoires ». La technique de la vision par le miroir étant fondée sur un état de conscience hypnagogique, les scientifiques la tiennent à l'écart.

Une analyse plus approfondie des progrès de la science nous prouve que, souvent, les savants ont trouvé l'inspiration en état hypnagogique. Certains d'entre eux avaient nom Thomas Edison, Kekulé ou encore René Descartes. Ce dernier fut l'instigateur de ce que l'on appelle aujourd'hui la « méthode scientifique », selon laquelle il convient de conduire toute expérience scientifique digne de ce nom, mais ladite méthode ne fut chez lui que le résultat d'une série de rêves éveillés ! Ces rêves illustrent merveilleusement combien l'interprétation intellectuelle peut se combiner avec ce que livre l'inconscient.

Dans le premier rêve qu'il fit, Descartes sentait le vent tournoyer autour de lui alors qu'il marchait dans une rue en direction d'une église où il entendait prier. Il nota qu'il venait de croiser quelqu'un qu'il connaissait et qu'il avait omis de le saluer. Il tenta donc de partir dans la direction de cet ami, mais le vent l'en empêcha. Il trouva ensuite un autre homme devant l'église, qui lui dit qu'un autre de ses amis l'attendait à l'intérieur pour lui donner un melon. Descartes se réveilla et en conclut que ce rêve était l'œuvre d'un démon. Il demanda à Dieu de le protéger et se rendormit.

Dans le rêve suivant, il entendit un son violent qu'il prit pour un claquement de tonnerre. Se réveillant brutalement, il vit des milliers d'éclairs dans la chambre.

Dans le troisième rêve, il découvrit un dictionnaire sur son bureau et, à côté, un recueil de poèmes intitulé *Corpus Poetarum*. Ouvrant le recueil de poèmes, il lut un vers qui disait : « Quelle voie mon existence doit-elle suivre ? » Un homme qu'il ne connaissait pas lui indiquait alors un vers qui commençait par les mots « Oui » et « Non ».

Lorsque Descartes se réveilla, il en conclut que les trois rêves lui avaient été inspirés par Dieu. Les deux premiers le mettaient en garde sur la façon dont il avait vécu jusqu'à ce 10 novembre 1619. Le troisième lui indiquait quelle était la mission qui lui était assignée, à savoir qu'il devait placer les sciences sur le chemin de la connaissance.

On comprend donc maintenant pourquoi Descartes écrivit alors : « Je pris un jour la décision de me prendre moi aussi comme sujet d'étude. » Pour Descartes, la méthode scientifique n'était que « la lumière naturelle de la raison ».

Vision dans le miroir et réalité « officielle »

Nous savons que la réalité de chacun de nous est différente, mais il n'en demeure pas moins qu'il existe un concept de réalité « officiellement reconnue ».

Les grands philosophes et les scientifiques dont les opinions ont donné forme à notre conception moderne du monde ont établi une ligne de démarcation très nette entre « le réel » et « l'irréel ». La plupart du temps, cette ligne de démarcation fonctionne mais lorsque quelque chose la franchit, tout devient problématique. La majorité des penseurs, notamment, considère le rêve comme étant l'exemple classique de ce qui est du domaine de l'irréel. Donc, lorsqu'on élève un enfant, on lui apprend que le rêve est irréel.

Si certains d'entre nous sont perplexes devant la technique de la vision dans le miroir ou devant d'autres phénomènes similaires, c'est parce que ceux-ci remettent en question la conception culturelle que nous avons du réel et de l'irréel. Ceux qui font l'expérience de ces phénomènes sont perplexes devant ce qui leur arrive. Mais lorsqu'ils y réfléchissent, ce qu'ils ont vu a un sens. Car, tout comme les rêves, les visions obtenues dans un miroir ont une signification profonde.

Chacun de nous a sa propre réalité. Dans le mode de pensée qui est le mien, les visions dans un miroir ne sont pas « irréelles ». Elles sont bien plutôt un moyen d'explorer de façon plus efficace la réalité.

Jeu interdit

On considère aujourd'hui le fait de regarder dans les miroirs comme un jeu de salon ou un dispositif digne des parcs d'attraction. Ces opinions fâcheuses ne sont pas une raison suffisante pour rejeter cette technique qui est une méthode thérapeutique efficace pour surmonter le désespoir et arriver à un certain niveau de connaissance de soi. Si l'on persiste à ne considérer cette technique que comme un aimable passe-temps, convenons au moins qu'elle représente une forme de distraction légitime et un exercice fascinant.

Je persiste à penser que si l'on maîtrise l'art de regarder dans le miroir, le processus visionnaire est accessible à chacun d'entre nous. Si l'on veut explorer les problèmes psychologiques contenus dans l'inconscient, il n'est alors plus nécessaire d'y consacrer de longues heures de thérapie, car un thérapeute rodé à la technique du miroir atteindra rapidement les émotions les plus enfouies.

Mise en garde à l'intention de ceux qui souhaitent regarder dans les miroirs

Je crois utile de vous prévenir que si vous avez l'intention de plonger dans ce domaine, nombreuses seront autour de vous les réactions de colère. J'en ai été moi-même totalement surpris. Si nombre de gens ont cru utile de me féliciter du courage qu'il m'avait fallu, selon eux, pour étudier les expériences de coma dépassé et pour publier sur ce sujet, je dois convenir que je n'ai jamais eu à subir le mépris des scientifiques et des médecins, et que mes recherches précédentes n'ont donné lieu à aucune forme de persécution.

Mais il en a été bien différemment de mon travail actuel. Lorsque j'ai parlé à un médecin des recherches que je prétendais entreprendre, il n'a eu qu'un seul mot : « C'est la fin de votre carrière ! » L'une de mes amies, fort intelligente au demeurant, n'a pas hésité à qualifier ce projet de « stupide et comique » et elle est allée jusqu'à m'interdire de parler de cela en sa présence.

Mais c'est en décembre 1991, alors que j'entrais à l'hôpital pour une hyperthyroïdie aiguë, que je notai la réaction la plus vive.

Aujourd'hui encore, les mécanismes de cette réaction sont un mystère pour moi. J'ai pris des extraits thyroïdiens depuis qu'on a découvert mon hypothyroïdie en 1985. Mais pour une raison inconnue, la dose d'extraits s'avéra subitement trop forte et je fus atteint de délire.

Je décidai donc de me faire hospitaliser et de consulter des médecins qui seraient en mesure de réajuster mon dosage de synthroïde ou thyroïde de synthèse.

Durant cette hospitalisation, je commis l'erreur

de demander à un médecin s'il pourrait me faire photocopier un bref article d'introduction à la technique du miroir. Je m'apprêtais en effet à présenter les résultats de mes recherches aux membres d'un institut international et ceux-ci avaient besoin d'un exemplaire de ma communication pour en publier un résumé dans un bulletin à venir.

Revenant de la photocopieuse, le médecin me signala laconiquement qu'il s'était également fait une copie. Et il ajouta que c'était bien là la preuve du fait « que j'avais touché le fond ». Bien qu'il ait été parfaitement au courant de mon hypothyroïdie, il faisait maintenant un diagnostic de comportement maniaco-dépressif et me prescrivit du lithium !

Je refusai de suivre son traitement et, en quelques jours, mon taux de thyroxine redevint normal tandis que les symptômes disparaissaient. Ma communication à l'institut reçut, quelques mois plus tard, le meilleur accueil.

Cet incident me permit de comprendre que les scientifiques soucieux d'orthodoxie sont ceux qui ont, de tout temps, été pris de peur et de dégoût face à des idées telles que regarder dans les miroirs. Ces orthodoxes de tout poil, qu'ils soient chrétiens, israélites, psychiatres ou psychologues, sont cloués sur place par une structure cognitive, ce qui signifie qu'ils adhèrent de façon obsessionnelle à un système de croyances inflexible. Ils s'insurgent contre les nouvelles idées ou les inventions qui, d'une façon ou d'une autre, empiètent sur leurs limites intérieures rigides. Les fondamentalistes religieux laissent quant à eux aussitôt échapper le refrain classique : « C'est l'œuvre de Satan ! » Les psychologues ont aussi leurs antiennes du genre : « Je n'ai jamais vu cela, donc cela n'existe pas. »

Il ne fait aucun doute à mes yeux que c'est un sentiment d'insécurité qui est à la base de telles réactions. Plutôt que d'avoir l'esprit ouvert et d'être disposé à chercher des réponses, ces esprits orthodoxes qui sont de fervents idéologues semblent se défendre eux-mêmes contre le doute et l'incertitude. Ils refusent d'admettre qu'il est des aspects de la psychologie humaine que nous ne connaissons encore que très partiellement. Et ils ne veulent surtout pas que d'autres sachent combien ils peuvent trouver plaisir à pratiquer la psychologie et en particulier la vision dans les miroirs, qui peut leur permettre de résoudre pour eux-mêmes certains problèmes d'une façon particulièrement amusante.

Une arme à double tranchant

Vous pourriez être tentés de conclure que ceux qui croient fermement aux phénomènes paranormaux se félicitent de mes recherches. Ce n'est pas totalement exact. Nombre d'entre eux ont exprimé des doutes quant à ce travail. Ils ont peut-être craint que des recherches qui avaient pour but de confirmer l'existence des apparitions ne risquent également d'arriver à la conclusion contraire.

Cette attitude n'est pas honnête. Car nous qui sommes passionnés de phénomènes paranormaux ne pouvons refuser que ces doctrines qui nous sont chères soient soumises à des vérifications importantes si nous prétendons suivre de près les apparitions de défunts en laboratoire.

Nombre de scientifiques préféreraient de loin que l'on ne fasse pas de recherches sur les états de conscience altérée. Ces gens, qu'Aldous Huxley appelaient « les grands ergoteurs », prétendent que si nous accordons le moindre crédit à des phénomènes tels que les visions dans les miroirs, nous courons le risque de faire resurgir toutes les croyances magiques, ce qui représenterait un immense recul de la pensée.

Cela n'a aucune raison d'être. Lorsqu'il s'agit d'un phénomène aussi complexe, fascinant et perturbateur que la vision dans les miroirs, seule une analyse totalement honnête peut être satisfaisante. Enfin, la suite de mes recherches m'a convaincu du fait que la méthode de vision dans le miroir avait, au cours de l'histoire, donné des résultats stupéfiants. C'est cette évidence qui m'a encouragé à continuer.

II

AU FIL DE L'HISTOIRE

« Connais-toi toi-même.»
Ancien aphorisme inscrit
sur le Temple de Delphes.

Les habitants de la Grèce antique étaient des navigateurs héroïques et accomplis du monde intermédiaire, mais peu d'entre eux eurent plus de ressources que le sage et bien-aimé Salmoxis. Car celui-ci raconta comment il avait eu une apparition posthume de… lui-même !

Salmoxis vivait en Thrace autour de 500 avant J.-C. Lorsqu'il était encore jeune, il avait été pris comme esclave pour des raisons que nous ne connaissons pas. Esclave donc, il eut la bonne fortune de finir au service de Pythagore. Pythagore était l'un des grands penseurs de la Grèce antique. Il pensait que les nombres étaient les éléments ultimes de l'univers. Il croyait également en une vie après la mort.

Pythagore passa apparemment beaucoup de temps à en parler à son esclave. Et lorsque Salmoxis fut affranchi, il croyait lui aussi fermement en une vie après la mort.

Salmoxis quitta la Thrace durant plusieurs années et lorsqu'il y revint, c'était un homme riche. La première chose qu'il fit à son retour, ce fut de faire construire un théâtre, où l'on discuterait de sujets ayant trait à la parapsychologie. Et comme Salmoxis avait des dispositions extraordinaires pour présenter les choses, je ne doute pas que ce fut un théâtre de l'esprit.

Il dispensait à ceux qui l'écoutaient un enseignement portant sur la vie après la mort. Il leur affirmait qu'il n'y avait aucune raison d'avoir peur de mourir. Il y a une vie après la mort, leur disait-il, en exposant ses arguments en faveur de l'existence de l'âme.

Les habitants de Thrace aimaient Salmoxis et Salmoxis les aimait. Il devint un grand bienfaiteur. Salmoxis était reconnu où qu'il allât et, parmi les éléments de l'histoire, peu abondants, qui traitent de lui, il n'en est pas un où l'on puisse lire à son sujet un mot autre qu'aimable.

Pendant de nombreuses années, il dispensa un enseignement sur la vie après la mort. Et tout en dispensant cet enseignement, il creusait une chambre souterraine. Ou, plus précisément, c'était de toute une maison souterraine qu'il s'agissait. Il se peut qu'il ait construit son habitat au-dessus d'une source murmurante, et qu'il l'ait rempli de poulets, de grandes jarres d'olives et d'une quantité de vénérables papyrus ainsi que de chandelles pour pouvoir les lire.

Lorsque la maison souterraine fut finie, Salmoxis s'y fit publiquement enfermer. Il est probable que cela donna lieu à une cérémonie en grande pompe. Et si je n'ai pas de récit de cet événement, je suppose néanmoins que Salmoxis parla longuement de la vie après la mort, puis cela fini, se fit ensevelir dans cette réplique conçue par lui-même du royaume des ombres où, ainsi le croyaient les Grecs, vont les défunts. À la grande horreur et pour le plus grand désespoir de la foule, l'entrée fut obturée par un bloc de pierre. C'était donc comme si leur grand ami était mort.

Salmoxis resta fort longtemps sous terre. D'après Hérodote, tel qu'il le raconte, il y serait même resté trois années.

Au-dessus de lui, la foule se lamentait. Les gens pleuraient. Certains d'entre eux se rendaient quotidiennement dans son théâtre et suppliaient les dieux de le délivrer. J'imagine que la scène avait des allures d'interminable mélodrame. « Est-il toujours vivant ? Comment se peut-il qu'il reste là aussi longtemps ? » se disaient les gens les uns aux autres. « Allons-nous jamais le revoir ? Croyez-vous qu'il soit encore vivant ? »

Ils le pleurèrent comme s'il était mort. Et en fait, la grande idée de Salmoxis, c'était que la séparation *est* une mort.

Finalement, trois ans plus tard, il resurgit. Il sortit droit des entrailles de la terre et, à la grande joie des citoyens de Thrace, rejoignit la société.

Hérodote, le premier historien connu, consigna cet événement digne de Lazare et voici l'interprétation qu'il en donne : « Il prouva ainsi que ce qu'il avait avancé était vrai. La mort ne doit pas être un sujet d'affliction. »

Lorsque nous lisons ces mots d'un point de vue rationnel, cela paraît totalement absurde. Mais si nous les examinons d'un point de vue émotionnel, c'est exact. Salmoxis avait bien réussi à prouver que « la mort ne doit pas être un sujet d'affliction ».

Ceux qui avaient vu disparaître Salmoxis de la société entamèrent désormais un processus de deuil comme s'il était réellement mort. Ils réagirent au fait que Salmoxis fût vraiment parti, et certains ressentirent même une sorte de révolte devant la perte de leur fidèle ami. D'autres firent des promesses aux dieux et tentèrent de marchander son retour de sous terre.

Mais lorsqu'il revint, leur révolte s'évanouit. Il ne restait donc aux citoyens de Thrace qu'à être convaincus que la mort n'est pas un sujet d'affliction.

Pour ces gens de Thrace, Salmoxis avait en quelque sorte bouclé la boucle du désespoir. Il était arrivé à un résultat identique à celui que l'on peut obtenir avec un miroir. Il y était simplement arrivé différemment. Il avait pénétré dans ce royaume intermédiaire qui existe entre la vie et la mort.

Un voyage intérieur des plus féconds

La culture de l'Antiquité était un terrain propice à de fantastiques voyages intérieurs. Il ressort clairement des récits historiques que les Grecs acceptaient, dans certaines circonstances, de s'élever vers les esprits des défunts et même de dialoguer avec eux.

C'est dans ce but qu'ils avaient conçu les psychomanteums et les oracles des morts, qui leur permettaient de passer de notre monde dans le suivant.

On trouve d'autre part chez Homère le récit pittoresque d'une cérémonie au cours de laquelle on appelait les défunts et qui ne nécessitait pas les installations élaborées et le rituel requis par les oracles des morts. Suivant à la lettre la recette que lui avait donnée Circé, la magicienne[1], Ulysse était parti en voilier vers le lieu d'un oracle qui avait été consacré à cette activité. Arrivé là, le courageux navigateur avait creusé un trou dans lequel il avait versé le sang d'une brebis et d'un bélier sacrifiés. Et c'est en regardant fixement ce sang, qu'Ulysse communiquait avec les esprits.

> Alors, les âmes des morts qui avaient disparu venaient en foule d'Erebos : jeunes gens et jeunes mariées, hommes âgés qui avaient longuement connu la souffrance, tendres jeunes filles pour qui le chagrin était une découverte, morts des batailles, guerriers encore revêtus de leur armure tachée de sang. Cette foule, dans un vacarme terrifiant qui me faisait pâlir de terreur, se rassemblait autour du trou.

Sa mère lui étant apparue, Ulysse put donc lui parler. Elle était, en son absence, morte dans un pays lointain. Il avait imaginé qu'elle était morte de mort violente, ou que, peut-être, cette mort était due à une interminable maladie. « Ce n'est pas la maladie qui

1. Circé est la magicienne qui, dans l'*Odyssée,* transforme les compagnons d'Ulysse en pourceaux *(N.d.T.).*

m'a fait dépérir, lui dit sa mère, mais tu m'as tellement manqué, ton intelligence, ton humour m'ont tant fait défaut que la vie n'avait plus de sel et que j'en suis morte. »

« Entendant cela, j'eus très envie de la serrer dans mes bras, raconte Ulysse. Mais à trois reprises, je tentai d'embrasser le fantôme, et à trois reprises, il me glissa dans les mains comme une ombre ou un rêve. »

Je présume que c'est à la surface réfléchissante de ce sang versé qu'Ulysse avait eu, comme dans un miroir, la vision de la défunte. Ceux qui lisaient Homère à l'époque connaissaient ces pratiques et auraient immédiatement compris ce que voulait dire Ulysse. Et Homère n'avait pas plus besoin de décrire dans son épopée le processus du miroir qu'un romancier de nos jours ne jugerait utile de décrire comment on regarde la télévision.

Les vestiges d'un lieu où se trouvait un oracle

Il n'est pas sans importance qu'Homère situe cet événement sur la rivière Achéron, à proximité de la « ville habitée par les Cimmériens ». Hérodote parle d'un lieu où les défunts rendaient des oracles et qui, apparemment, se situe au même endroit. Cet édifice, appelé « psychomanteum », était situé à Éphyra, en Épire, c'est-à-dire à l'ouest de la Grèce.

Strabon, géographe grec de l'Antiquité, parle

également d'un lieu habité par les Cimmériens, où les défunts rendaient des oracles. Il raconte que les Cimmériens habitaient dans des maisons souterraines reliées entre elles par des tunnels. Et la tradition voulait que ceux qui vivaient à proximité immédiate du lieu de l'oracle ne voient jamais le jour et ne sortent de leurs cavernes que la nuit. Homère jugeait sans doute que leur occupation était bien lugubre, car il exprime la pitié que ces gens lui inspiraient en précisant : « Une nuit abominable enveloppe à tout jamais ces malheureux mortels. »

Vers la fin des années 1950, Sotiris Dakaris, archéologue grec, découvrit le site et y commença des fouilles. Le lieu de l'oracle était un agencement souterrain complexe, un labyrinthe de couloirs et de chambres qui débouchaient sur une longue salle souterraine où se produisaient les apparitions.

Dakaris trouva dans cette salle les vestiges d'un énorme chaudron entouré d'un garde-fou. Il en déduisit que le garde-fou était là pour empêcher ceux qui attendaient l'oracle de s'approcher de trop près et conclut que les prêtres qui régnaient sur les lieux se cachaient dans le chaudron et jouaient le rôle des esprits que les pèlerins espéraient rencontrer.

Je suis arrivé à une interprétation différente.

L'usage des chaudrons, des vases, des bassines, des tasses et autres récipients remplis d'un liquide et faisant office de miroir dans lequel apparaît une vision, est répandu dans nombre de cultures anciennes. Ces récipients, lorsqu'ils étaient en métal, comme c'est le cas de ce chaudron, étaient polis de façon à pouvoir servir de surface réfléchissante.

Je présume que l'intérieur du chaudron était poli et qu'ainsi les apparitions étaient visibles sur la surface réfléchissante du récipient rempli d'eau. La forme arrondie permettait à plusieurs personnes à la fois de s'assembler sur les côtés et de regarder en même temps au fond. La dimension importante du chaudron rendait possibles des apparitions de grande taille, puisque la dimension de ce que l'on voit résulte directement de la taille du miroir.

Philipp Vandenberg a décrit les préparatifs élaborés auxquels se soumettaient ceux qui venaient consulter l'oracle. Après avoir parcouru des couloirs et des pièces obscures, ces gens restaient emprisonnés sous terre durant un mois au terme duquel ils étaient autorisés à entrer dans la salle des apparitions. Leur solitude n'y était plus troublée que par la flamme tremblotante d'une chandelle qui projetait sur les murs des ombres inquiétantes. Et la façon dont ces gens étaient préparés, avant d'entrer dans la salle des apparitions, est un élément de plus qui m'incite à penser qu'il n'y avait pas dans le fond du chaudron le moindre prêtre auteur de supercherie.

Après avoir regardé le chaudron fixement et y avoir probablement vu une apparition, les pèlerins étaient désinfectés avec du soufre, produit que l'on utilise traditionnellement pour purifier ceux qui ont été en contact avec les morts. Cela fait, ils sortaient à la lumière du jour et descendaient en direction de la rivière pour y prendre un bain rituel.

Les origines de la caverne de Platon

Si ce que raconte Vandenberg est exact, j'en arrive à une idée passionnante : Serait-il possible que le mythe de la caverne de Platon lui ait été inspiré par le lieu de l'oracle situé en Épire ? Dans *la République,* ce chef-d'œuvre de littérature de l'Antiquité, Platon démontrait les limites de la connaissance humaine en suggérant que nous, simples mortels, vivons dans une caverne et n'avons aucune idée des merveilles qui sont juste au-dessus de nous, à la surface de la terre. Il y a, à Éphyra, nombre de similitudes. Les gens sont emprisonnés dans une caverne souterraine, la lueur tremblotante des chandelles projette des ombres sur les murs, les maîtres des lieux arrivent à convaincre leurs visiteurs que les ombres sont réelles et les captifs sont enfin libérés pour d'abord remonter au jour et ensuite prendre un bain.

Platon avait, et cela est particulièrement frappant dans ses dialogues, un sens parfait de la parodie. Il raillait les autres philosophes, dont certains ne sont connus aujourd'hui que grâce à ses caricatures.

Il est clair qu'Éphyra était fréquenté du vivant de Platon et que bien que le lieu de cet oracle se trouvât en un endroit difficile d'accès, une foule de gens s'y rendaient. Nous ne pouvons douter du fait qu'un homme aussi bien informé que Platon savait tout ce qui s'y passait, et nous ne pouvons douter non plus qu'un lieu aussi fréquenté n'ait pu apporter de l'eau à son moulin.

L'oracle dont Platon parle dans le livre VII de *la République* pourrait-il être celui d'Éphyra ?

> Laissez-moi vous montrer par une image combien notre nature peut être éclairée ou plongée dans les ténèbres : — Voici ! Des hommes vivent dans un antre souterrain dont un orifice est ouvert en direction de la lumière. Ces hommes sont là depuis leur naissance. Leurs pieds sont enchaînés et enchaîné leur cou de telle sorte qu'ils ne peuvent bouger et doivent regarder droit devant eux, puisque les chaînes les empêchent de tourner la tête. Dans leur dos, au-dessus d'eux, flamboie un feu, et entre le feu et les prisonniers, se trouve un passage ; et si vous regardez bien, vous pourrez apercevoir un mur qui court le long du passage, comme les écrans des théâtres de marionnettes, et sur cet écran, ils voient des ombres.

Je suppose que cette allégorie sombre, inquiétante, est une parodie de l'oracle des défunts qui existait en Épire. Car il y a dans le texte de Platon et l'oracle d'Éphyra de nombreux parallèles. Dans un cas comme dans l'autre, les étranges habitants d'un monde souterrain ne voient jamais la lumière du jour. Des serviteurs anonymes abusent les prisonniers, leur faisant croire à tort que les ombres projetées sur les murs de la caverne sont réelles. Et lorsque les captifs sont enfin libérés, on les conduit à la lumière puis on leur fait prendre un bain.

Il y a dans ce texte plusieurs indices qui laissent à

penser que Platon fait la satire de l'oracle. Au début de *la République,* Socrate semble faire allusion à l'incident au cours duquel Périandre avait envoyé une délégation sur les lieux de l'oracle d'Éphyra, pour ordonner que sa femme soit libérée du monde souterrain. Le dialogue commence sur une tentative de définir la justice comme étant le fait de rendre aux autres ce que l'on a reçu d'eux. Il revient sur cette définition, disant qu'elle a probablement été proposée par Périandre ou quelque autre de sa sorte. L'ironie est alors évidente : Périandre était de toute évidence injuste puisqu'il en était arrivé à exiger que son épouse revienne d'entre les morts pour qu'elle soit en mesure de rendre à un ami ce qu'il lui avait confié.

L'essentiel de cette allégorie traite de la situation pitoyable des prisonniers, mais Socrate mentionne d'autres humains qui vivent dans la caverne : ce sont les serviteurs qui projettent les ombres sur le mur pour tromper les prisonniers. Je pense que ces serviteurs guidaient les pèlerins dans leur attente d'une apparition et que les prisonniers sont les pèlerins eux-mêmes. Il est possible que les guides aient été ces Cimmériens, qui, de par leur tradition, vivaient à tout jamais dans l'ombre.

Je soupçonne donc Platon d'avoir eu l'oracle des défunts d'Éphyra à l'esprit lorsqu'il écrivit son célèbre mythe. Mais malheureusement, de nombreuses questions sont restées sans réponse à cause des calamités qui se sont abattues sur l'Épire.

En 280 avant J.-C., Pyrrhus, roi d'Épire, se mit courageusement en route avec en tête une armée de 25 000 hommes et il écrasa l'armée romaine. Un an plus tard, il l'écrasa encore, mais il perdit tant d'hommes dans cette bataille, que son armée en fut quasiment anéantie. « Encore une victoire, avait-il dit, et nous serons vaincus. » De là vient l'expression « une victoire à la Pyrrhus » qui signifie que l'on peut être vaincu en gagnant une bataille.

Les Romains furent tellement mortifiés par les victoires de Pyrrhus, qu'un siècle plus tard, ils envahissaient l'Épire et dévastaient soixante-dix villes. Au nombre des villes détruites, se trouvait la ville d'Éphyra où était l'oracle. S'il en existe encore les vestiges, les récits des événements qui s'y étaient produits et qui avaient été consignés par écrit ont, eux, disparu. Il ne nous reste plus que les ruines elles-mêmes, ainsi que quelques rares éléments historiques, littéraires, anthropologiques, qui, s'ils présentent un intérêt certain, ne sont que l'écho du passé.

Comment se rendre dans le royaume intermédiaire

Il se pourrait que certains, passionnés par le sujet, souhaitent se rendre sur le lieu de l'oracle d'Éphyra. Cette région montagneuse de la Grèce est, encore aujourd'hui, loin des sentiers battus. Il ne fait pas de doute que dans l'Antiquité, le voyage pour se rendre sur les lieux de l'oracle était incroyablement difficile. Il fallait que ce soit là une rude épreuve, car un aussi long voyage devait immanquablement exacerber le sentiment de l'attente chez celui qui espérait voir une apparition.

J'ai, avec ma femme, rencontré les pires difficultés pour trouver l'oracle, lorsque je me suis rendu en Grèce en mars 1993 dans l'intention de passer une journée sur les lieux du premier psychomanteum.

Nous sommes d'abord allés en avion d'Athènes à Ioanina. Nous y avons passé la nuit, puis fait deux heures de bus pour arriver à Previza. De là, nous sommes partis vers la petite ville de Kanaliki.

Ces trajets en bus ne sont pas faits pour les âmes timorées. Car on passe une bonne partie de son temps dans des virages en épingle à cheveux qui laissent au voyageur tout le loisir de plonger du regard dans des précipices qui semblent n'en plus finir.

Mais, outre la peur, le trajet présente quand même un autre intérêt : les paysages et les scènes pittoresques de la campagne grecque sont sublimes.

Après avoir donc passé la nuit à l'hôtel Palladion d'Ioanina, nous avons pris un premier bus en direction de Previza, puis là, nous en avons pris un second qui nous a conduits à Kanaliki.

À Kanaliki, nous avons demandé à un taxi de nous conduire au *necromanteion*, puisque c'est ainsi qu'on appelle là-bas le lieu de l'oracle. Celui-ci se trouve à cinq kilomètres de la ville, perché en haut d'une colline, au-dessous d'une chapelle byzantine construite au Moyen Âge pour dissimuler le lieu de l'oracle sous un édifice chrétien. L'endroit de l'oracle avait passé des siècles enseveli sous la terre, lorsque, récemment, ont commencé des fouilles pour mettre au jour la plus grande partie des ruines.

Le chauffeur nous a déposés à quelques mètres des barrières qui entourent les ruines. Nous lui avons demandé de revenir nous chercher, ce qui fut une heureuse idée, car il n'y a pas la moindre cabine de téléphone alentour.

Il n'y avait pas d'autres visiteurs. Ma femme et moi-même étions seuls sur les lieux immortalisés par l'*Odyssée,* par Orphée, lieux où, jadis, les hommes étaient venus par milliers dans l'espoir d'y revoir les défunts qu'ils avaient aimés. Avec la bénédiction de Socrate, un homme plein d'humour, qui garde ces lieux depuis vingt-cinq ans, nous avons pu nous promener librement dans les vestiges de cet ancien lieu de réflexion.

Le toit du bâtiment a disparu, laissant apparaître le dédale de corridors et de chambres que parcouraient les pèlerins en attendant d'être admis dans la salle des apparitions. Les différentes parties de la construction sont encore visibles. Nous nous sommes assis dans les chambres réservées aux prêtres appelés « psychopompes », qui régnaient sur les lieux. Pour l'époque, ces salles, de trois mètres sur trois, étaient de grande taille. Puis, quittant ces chambres et tournant sans fin dans le labyrinthe des corridors, je tentais de me représenter à quoi ressemblait cet endroit, deux mille ans auparavant lorsqu'il était aussi sombre qu'une caverne et que flottait dans l'air l'inquiétude de l'attente. Que faisaient les gens durant ces semaines ? À qui pensaient-ils ? De quoi parlaient-ils ? Certes, j'aime la solitude, mais j'étais atterré à la pensée d'une privation aussi totale, aussi interminable de tous les sens.

Je n'eus aucun mal à trouver les dortoirs où dormaient les pèlerins et la salle des apparitions. C'était, de tout le labyrinthe, la salle la plus grande, entourée de hauts murs. Debout au milieu de la pièce, je songeais au choc sensoriel que l'on ressentait en entrant dans cet endroit au bout d'un mois de pénombre. Je me représentais, dans cette salle aux dimensions imposantes, le flamboiement des torches, le glissement des robes des prêtres le long des murs, puisque c'étaient eux qui guidaient les pèlerins vers le chaudron de métal poli qui trônait au milieu. Lorsqu'ils étaient arrivés au bord du chaudron, on leur murmurait de river leurs yeux sur le métal réfléchissant et de fixer la vision qu'ils allaient avoir.

Debout au centre de la pièce où se trouvait jadis le chaudron, je me représentais les prêtres surveillant les pèlerins tandis qu'ils avaient une apparition. Je savais, par le travail que j'avais fait dans mon propre psychomanteum à des milliers de kilomètres de là, qu'apparaissaient alors sur les visages des hommes la joie et la perplexité que suscitent les visions magiques. Et tandis que les familles, les amants disparus revenaient pour quelques instants, l'air était déchiré de cris de joie.

Je réalisai, en examinant ces ruines d'en haut, quelle prouesse architecturale ce psychomanteum avait été pour les hommes de l'Antiquité. Ils l'avaient construit avec le plus grand soin et de façon si solide qu'il est encore aujourd'hui un monument à la mesure du rôle important joué par l'évocation des morts dans leur culture.

De la religion à la reine Élisabeth

Comme nous n'avons au sujet de la vision dans les miroirs que des échos discontinus au fil de l'histoire, il est presque impossible d'en faire un récit chronologique. On ne trouve pas dans ce domaine, comme c'est le cas pour la chimie ou la philosophie, une continuité dans la tradition.

Bien au contraire, cet art semble surgir puis disparaître revenir ici, s'éteindre là — en soubresauts plutôt qu'en une ligne ininterrompue de transmission. Il n'en demeure pas moins que lorsqu'il apparaît quelque part, ses conséquences sont dignes d'intérêt.

Je ne peux mieux faire que donner quelques aperçus du rôle culturel joué par la vision dans le miroir. Ces aperçus proviennent de la littérature, de la mythologie, de la religion, de la politique et de la vie quotidienne. Et s'il arrive que cette histoire saute parfois plusieurs siècles, il n'en sera pas moins clair que l'usage du miroir pour faire apparaître les esprits a joué un rôle important depuis les débuts de l'humanité. Un rôle si important que ni les Églises ni les États n'ont réussi à le faire disparaître.

L'Ancien Testament fait référence à la divination. Dans le Premier Livre de Samuel, le roi Säul fait chasser tous les médiums et tous les spirites d'Israël puis il ordonne que l'on mette à mort quiconque osera faire apparaître un esprit. Mais lorsque par la suite, il a besoin que feu le roi Samuel le guide dans une décision qu'il doit prendre, il se déguise et se rend chez Endor, une femme médium, qui, à contrecœur, fait apparaître l'esprit de Samuel. Endor signifie « source de Dor ». Le village est situé sur une montagne criblée de cavernes. Comme nous n'allons pas tarder à le voir, les cavernes et les sources sont souvent liées à l'évocation des esprits.

Apparemment, l'esprit de Samuel révèle l'identité de Saül à la femme puisque celle-ci s'exclame devant le roi : « Pourquoi m'avez-vous abusée ? Vous êtes Saül ! »

Ce n'est qu'après avoir assuré à la femme qu'aucun mal ne lui serait fait, qu'elle révèle l'esprit de Samuel à Saül. Voyant le roi défunt, Saül se jette à terre et s'adresse à Samuel.

« Je suis, dit-il, dans une grande détresse. Les Philistins me font la guerre et Dieu s'est détourné de moi. Il ne me répond plus, ni par l'intermédiaire des prophètes ni dans mes rêves. C'est pourquoi je suis venu te trouver pour que tu me dises ce que je dois faire. »

Samuel répond par une prophétie terrifiante qui se révélera exacte : « Pourquoi me consultes-tu maintenant que Dieu s'est détourné de toi et est devenu ton ennemi ? Dieu t'a fait ce qu'il m'avait demandé de te prédire. Il t'a arraché ton royaume et l'a donné à l'un de tes voisins — David. Parce que tu n'as pas obéi à Dieu, parce que tu n'as pas infligé son courroux aux Amalécites, Dieu te livrera avec Israël aux Philistins et demain, toi et tes fils, serez avec moi. Dieu livrera aussi l'armée d'Israël aux Philistins. »

Par quel moyen Endor fait-elle apparaître l'esprit de Samuel ? Si la Bible ne décrit pas avec précision la méthode employée par cette femme pour faire venir l'esprit de Samuel, il n'est pas impossible qu'elle utilise un genre de miroir, un objet brillant sur lequel peut apparaître une vision. Car il est bien possible que ce soit dans une surface réfléchissante que le roi Saül ait eu cette vision terrifiante.

Un serviteur de Joseph raconte que ce dernier utilisait une tasse d'argent en guise de miroir lorsqu'il avait dit : « N'est-ce pas en toi que mon maître buvait et en toi qu'il trouvait ses présages ? » Et plus loin, il louait ses talents par ces mots : « Ne sais-tu pas qu'un homme comme moi est un devin ? »

Les anthropologues qui ont étudié les cultures

tribales mentionnent que l'on y consulte les esprits par les méthodes semblables à celle de l'Ancien Testament.

La tradition chamanique

En Sibérie, par exemple, les chamans Tungus utilisaient des miroirs de cuivre pour « placer les esprits ». Le mot miroir était, dans leur langue, dérivé du mot désignant l'âme ou l'esprit, et donc le miroir était considéré comme le réceptacle de l'esprit. Les chamans disaient être capables de voir les esprits des défunts en fixant les miroirs. Le mot chaman a d'ailleurs son origine dans la tribu des Tungus. Le but du chaman est de résoudre les problèmes de la vie quotidienne que rencontrent soit la communauté, soit les individus.

Il fut un temps où les Malagasi de Madagascar appelaient les esprits des défunts au cours de cérémonies élaborées. Il était courant pour ces gens de parler des esprits qu'ils avaient vus ou de raconter ce qu'ils leur avaient dit. Les chamans de la tribu commençaient la cérémonie en faisant apparaître des esprits dans les miroirs.

Comme dans le passage où Homère nous décrit les visions d'Ulysse, les Indiens Pawnee d'Amérique du Nord lisaient dans le sang. Leur méthode pour avoir des visions dans un miroir était semblable à celle des Grecs. Lorsqu'un membre de la tribu tuait un blaireau, les plus âgés de la tribu le gardaient la nuit pour le dépecer. Ils versaient son sang dans un vase et demandaient aux enfants d'y observer leur propre reflet à la lumière de la lune. Si les enfants se voyaient apparaître avec des cheveux blancs, cela signifiait qu'ils atteindraient un grand âge ; si l'image était sombre et floue, l'enfant mourrait de maladie ; s'il n'y avait pas d'image du tout, l'enfant vivrait mais mourrait de la main d'un ennemi.

On utilisait à Fez, au Maroc, un récipient plein d'eau. Aujourd'hui, en Égypte, on lit dans de l'encre comme Ulysse lisait dans le sang. Dee Halde, grand voyageur du XVIIIe siècle qui s'était rendu jusqu'en Chine, raconte que les voyants taoïstes lisaient dans un chaudron d'eau les événements qui allaient agiter l'Empire. Les Tulus d'Afrique trouvaient leurs présages dans le vase du chef de tribu qu'ils emplissaient d'eau. Et dans le nord de l'Afrique équatoriale, les chamans diagnostiquaient les maladies dans une marmite d'eau bouillante.

L'usage le plus étonnant du miroir reste cependant celui qu'en faisait la tribu des Nkomis de Cap Lopez. Le rituel du miroir y était réservé aux hommes : après un jeûne prolongé, celui qui allait être initié était enfermé dans une hutte. Au fond de la hutte, se trouvait une statue de bois. Sous la statue, on déposait un paquet contenant les ossements d'un homme mort depuis longtemps déjà. Face à la statue, il y avait un miroir.

On demandait à celui que l'on initiait de fixer le

miroir jusqu'à ce qu'il y voie apparaître le visage d'un homme. Lorsque enfin la chose se produisait, on lui demandait de décrire ce visage. S'il arrivait à décrire le défunt dont les ossements avaient été placés sous la statue, on le faisait passer au stade suivant de l'initiation.

Dans un ouvrage récent sur les propriétés des plantes médicinales, Richard Evans Schultes et Albert Hoffman, le chimiste qui a découvert le LSD, parlent d'une tribu d'Afrique de l'Ouest qui entre en relation avec les morts à l'aide d'une plante et d'un miroir. Ceux qui lisent dans le miroir consomment préalablement de grandes quantités de cette plante appelée *Iboga.*

Les membres de la tribu des Bwiti ont raconté aux anthropologues que la combinaison de la plante et du miroir leur « ouvrait la tête » de telle sorte que leur esprit pût se transporter « au pays des morts ». Voici un court poème dans lequel un membre de cette tribu raconte, aussi bien qu'on peut le faire avec des mots, ce que fut son expérience :

Je fus emmené par un long chemin
jusqu'au cœur d'une forêt profonde,
et arrivai devant une barrière de fer noir.
Devant cette barrière que je ne pouvais franchir
je vis une foule de gens sombres
qui, eux non plus, ne pouvaient aller au-delà.
Au loin... il y avait une vive lumière.
Je vis des couleurs dans l'air...

Soudain, mon père, transformé en oiseau
arriva du haut du ciel.
Il me donna alors mon nom Eboka
et me permit de m'envoler à sa suite
au-dessus de la barrière de fer.

Le miroir d'Aladin et les nymphes de Numa

Le thème des esprits que l'on fait apparaître dans les miroirs a enflammé l'imagination littéraire de cultures autres que celle de la Grèce. Il ne fait aucun doute que différents contes des *Mille et Une Nuits* décrivent des expériences de miroir. Citons, par exemple, l'histoire d'Aladin et de sa lampe merveilleuse. Cette histoire parle non pas des âmes des défunts, mais d'esprits d'un autre genre que l'on appelle des génies. Ces étranges génies avaient la faculté de réaliser les vœux de celui qui avait la chance de les faire sortir des lampes dans lesquels ils étaient retenus prisonniers.

La mère d'Aladin est le premier personnage des *Mille et Une Nuits* à faire briller une lampe avec du sable pour voir dedans. Ce faisant, elle voit surgir un génie qui « était aussi repoussant que gigantesque ».

« Dis-moi ce que tu désires, maîtresse, lui déclare-t-il, je suis ton esclave et suis redevable à quiconque possède la lampe. »

La mère d'Aladin en fut si effrayée qu'elle

implora son fils « par le lait dont elle l'avait nourri, de jeter au loin cette lampe et cette bague ».

Il ne fait aucun doute que polissant la lampe, la mère d'Aladin fait briller une surface réfléchissante dans laquelle le génie peut se montrer comme dans un miroir. Le génie semble alors quitter la surface polie pour se propulser dans l'espace.

Il existait jadis une pratique appelée « lampadomancie » et qui consistait à lire dans les lampes de métal. J'ai chez moi une de ces anciennes lampes à huile d'Inde et je comprends d'autant mieux comment on en est arrivé là. Lorsqu'on l'allume, elle constitue un excellent miroir.

Tout cela m'amène à penser que l'idée du génie qui sort de la bouteille est très probablement dérivée de la vision par le miroir.

À l'époque de Numa Pompilius, second roi de Rome, apparaissent dans la mythologie romaine des créatures appelées « nymphes ». Numa, comme tout Romain, croyait que des esprits de l'eau s'échappaient des sources claires.

Il est aussi tout à fait évident, lorsqu'on lit saint Augustin, qu'Égérie était une créature sortie d'un miroir. Il écrit dans *la Cité de Dieu :* « Numa lui-même, auquel aucun prophète n'avait parlé de Dieu, pratiquait volontiers l'hydromancie, faisant apparaître dans l'eau ses dieux (ou plutôt ses diables) et se laissant dicter par eux sa religion. »

La technique du miroir chez les Celtes

On trouve dans un manuscrit celte datant du XIIe siècle le récit de ce qui était arivé à Lludd, roi de Bretagne, alors qu'il tentait de capturer les dragons qu'il avait vus dans un chaudron. Le cri de ces dragons était si abominable que « les hommes en pâlissaient et perdaient toute force, que les femmes faisaient des fausses couches, que les garçons et les filles en perdaient l'esprit, que les animaux, les arbres, la terre et les eaux en devenaient stériles ». Ces dragons représentaient une telle menace pour les terres de Lludd, que celui-ci dut trouver le moyen de s'en débarrasser. Il consulta donc son frère, le roi de France, qui lui dit que l'on pouvait faire apparaître les dragons dans un baquet d'hydromel et les capturer dans une étoffe de soie.

« Tu replieras brusquement l'étoffe de soie sur eux, dit le frère de Lludd, et tu l'enfouiras dans un coffre de pierre que tu enterreras dans l'endroit le plus sûr de ton royaume. »

Lludd fit ce que lui avait expliqué son frère, recouvrit un baquet d'hydromel d'une étoffe de soie et ne le quitta pas du regard jusqu'à ce que les dragons lui apparaissent. Il les enferma alors dans l'étoffe et put se débarrasser d'eux.

L'histoire de Lludd prouve bien la continuité de la technique du chaudron, chaudron que l'on retrouve dans une scène clef de *Macbeth* de Shakespeare, où trois sorcières préparent un brouet blanchâtre pour faire apparaître des visions dans la vapeur bouillonnante.

Le Moyen Âge avait aussi ses rites pour que les esprits révèlent des informations inconnues jusque-là. C'étaient de jeunes garçons qui voyaient alors les esprits. Les processus pour les faire apparaître faisaient partie de l'attirail de la médecine de l'époque et il n'est pas exclu que les médecins eux-mêmes y aient eu recours. Peut-être était-ce déjà une façon d'aider les gens à surmonter le désespoir.

Goethe mentionne, dans *Faust,* certaines de ces techniques. On y trouve des méthodes de miroirs permettant de démasquer les voleurs, de faire une expérience extracorporelle, d'établir le diagnostic d'une maladie, et même une méthode permettant de faire venir neuf esprits éthérés à l'aide d'un verre rempli d'eau de source.

Le XVIIIe siècle connut une sorte de Dr Faust bien réel, je veux parler du comte de Cagliostro. Celui-ci fit parler de lui dans le monde entier lorsqu'il apprit aux gens comment regarder dans un miroir et y voir des images. Un écrivain de l'époque a même raconté comment l'esprit apparaissait à Cagliostro et lui parlait dans « le cristal et les cloches de verre ».

Lorsque 007 regardait dans les miroirs

Mais l'histoire la plus fascinante de vision dans le miroir est sans doute celle de John Dee. John Dee était un érudit et un inventeur de l'époque élisabéthaine. Né en 1527, il avait fait le serment de consacrer sa vie à l'étude et en fit ainsi tout au long de son adolescence. Son ardeur au travail fut récompensée. À dix-neuf ans, il enseignait déjà dans de nombreuses universités, et en particulier en France où l'on appréciait ses excentricités.

C'était un inventeur accompli dont les travaux lui valurent quelques déboires. Alors que ses étudiants se préparaient à jouer une comédie d'Aristophane, il avait décidé que le clou du spectacle serait un appareil aux effets spéciaux — un gigantesque insecte qui donnait vraiment l'impression de voler.

L'insecte géant amusa certains spectateurs, mais en effraya nombre d'autres. Les gens superstitieux qui se trouvaient dans le public bondirent en hurlant au sorcier lorsque l'on mit l'insecte en mouvement.

Toute sa vie, il fut accusé de sorcellerie. Et cette persécution permanente l'agaça à tel point qu'il demanda un jour à être jugé pour qu'on en finisse. Car, comme il l'écrivait dans une supplique au roi son jugement ne manquerait pas de confondre les « esprits dérangés, irréfléchis, malveillants et dédaigneux que sont ces paysans » qui lui rendaient la vie misérable. Il alla même jusqu'à dire qu'il serait heureux d'être lapidé si l'on pouvait établir la preuve de sa sorcellerie ou du fait qu'il « invoquait le diable ».

Vers l'âge de vingt ans, il passait dans le monde entier pour un savant de renom et un expert des techniques maritimes. Il écrivit un ouvrage de mathématiques qui fit autorité et inventa un appareil permettant aux navigateurs de lire les cartes marines.

La reine Élisabeth le prit comme agent secret. On disait qu'elle était si fascinée par le regard de Dee qu'elle l'avait surnommé « les Yeux ». C'est pour cette raison, que lorsqu'il signait les messages secrets qu'il lui adressait, il dessinait côte à côte deux cercles représentant ses yeux, suivis d'un signe ressemblant à un sept, car, qui sait, il aimait peut-être ce chiffre porte-bonheur. Sa signature ressemblait donc à 007, le code de James Bond, autre espion des temps modernes au service de Sa Majesté.

Alors qu'il étudiait des objets rapportés par les Espagnols du Mexique, Dee découvrit un miroir d'obsidienne que les Aztèques avaient apparemment utilisé dans un but de divination. Il fut surpris de voir que le miroir lui permettait d'avoir des visions et il ne tarda pas à l'utiliser au service de la reine. Celle-ci se rendit un soir chez lui pour lui poser des questions auxquelles elle pensait que les esprits seraient en mesure de répondre par le miroir.

La maison de Dee tenait du musée, de la bibliothèque et du centre de recherches. Il y avait accumulé quantité d'objets étranges et empilé l'une des plus remarquables collections de livres du pays. Malgré son rôle auprès de la reine et sa réputation dans les milieux académiques, le peuple de Londres le considérait toujours comme un sorcier. Jusqu'au jour où ces gens superstitieux furent incités à la révolte par quelques courtisans jaloux. Ils prirent sa maison d'assaut et y mirent le feu alors qu'il était en voyage à l'étranger. On raconte, que du pays où il se trouvait, Dee vit ses livres brûler dans son miroir d'obsidienne et qu'il aurait accepté stoïquement la catastrophe puisqu'il n'y pouvait rien.

Dans la maison qui fut détruite, Dee avait aménagé une pièce où regarder dans le miroir. Il consignait ensuite ces visions dans un manuscrit aussi long que détaillé, dont une partie a survécu jusqu'à nos jours. Il y décrit les esprits qui lui apparaissaient d'abord dans le miroir, pour ensuite en émerger.

L'un de ces esprits, une jeune femme du nom de « Madimi », revenait régulièrement et semblait se déplacer dans la pièce. Dee raconte également que ces esprits lui parlaient et même dialoguaient avec lui. L'un de ces esprits, que Dee appelait des « anges », lui avait un jour déclaré : « L'ignorance a été la nudité par laquelle on t'a tout d'abord tourmenté, elle a été le premier fléau qui s'est abattu sur l'homme en quête de savoir... la quête du savoir t'a entravé dans la connaissance de toi-même. »

Les érudits ont pendant longtemps tenu les récits de Dee à l'écart, considérant que ses expériences étaient impossibles, mais je suis personnellement d'avis qu'en faisant apparaître des esprits, il avait aussi fait surgir des profondeurs de l'inconscient une certaine sagesse.

Ce n'était pourtant pas là le but de Dee. Ce grand scientifique se bornait à utiliser tout ce qui était en son pouvoir pour arriver à Dieu. Il espérait que par la communication avec les anges, il arriverait à réunir les catholiques et les protestants en une seule croyance chrétienne, celle de l'amour universel. Et bien que les autorités de ces deux Églises l'aient maintes fois mis en garde, lui disant qu'il allait être jugé pour hérésie, Dee continua à parler publiquement de ces rencontres avec les anges.

La conviction qu'il avait de parler avec les anges par le biais de son miroir d'obsidienne ne lui porta pas bonheur à la cour. Jacques Ier succéda à Élisabeth en 1603 et c'était un homme chatouilleux sur tout ce qui touchait à la sorcellerie. Eu égard au fait que Dee avait été un loyal serviteur de la reine Élisabeth, le nouveau roi feignit d'ignorer les accusations que le clergé aurait voulu faire peser sur lui, mais il le tint à l'écart de la cour.

Mis en quarantaine par les autres savants, Dee mourut en 1608. Sa fille prit soin de lui à la fin de sa vie, et fut contrainte de vendre, çà et là, quelques-uns de ses précieux livres pour subvenir à leurs deux existences.

Après sa mort, un manuscrit qu'il avait rédigé avec le plus grand soin, et traitant de ses travaux relatifs à la technique du miroir, disparut pendant des dizaines d'années. Il réapparut dans le magasin d'un marchand de poisson de Londres qui s'en servait pour emballer les poissons. Le manuscrit aurait bel et bien été perdu, si un érudit n'avait eu la bonne idée de lire le papier qui emballait son poisson.

Quand un chef d'État voit dans les miroirs

Il y eut également un président qui voyait dans les miroirs. Au cours de la nuit de l'élection fatidique de 1860, épuisé, Abraham Lincoln se reposait sur un canapé. Soudain, dans un miroir placé à côté de lui, il vit une étrange double image de lui. Sur l'une il se reconnut tel qu'il était, et sur l'autre, il était pâle et fantomatique.

Lincoln parla à sa femme Mary de ce qui venait de lui arriver. La première dame en déduisit qu'il serait élu pour un second mandat, mais qu'il mourrait durant celui-ci. Il fut prouvé par la suite que la vision du miroir avait été prophétique.

Si l'on songe au très grand nombre de gens qui souhaitent retrouver un défunt qui leur était cher, il est surprenant que cette technique ait quasiment disparu. L'une des raisons en est que ceux qui pratiquaient cet art tenaient à le garder secret.

Si, à Éphyra, l'on désinfectait les pèlerins par des fumigations de soufre pour ensuite leur faire prendre un bain rituel, c'est que les officiants, quels qu'ils aient été, savaient que des « processus » rituels étaient indispensables pour faciliter le retour des pèlerins à la réalité. Le geste touchant de la femme d'Endor, qui nourrit Saül avant qu'il ne parte, prouve qu'elle aussi comprenait qu'on a besoin de réconfort après une telle expérience.

Il y eut également un interdit d'ordre religieux. Il est dans l'intérêt des Églises dont les idéologies sont rigides de décourager les gens d'avoir personnellement accès au royaume spirituel. Étant donné que la pratique du miroir permet aux sujets d'entrer dans leur univers spirituel, les chefs des différentes religions (et cela concerne les Églises chrétiennes tout comme les autres) ont gardé cette pratique sous le manteau. C'est ainsi que de nombreuses religions ont montré leur amour de l'humanité en brûlant sur le bûcher ceux qui franchissaient le pas ou en les éliminant d'une façon ou d'une autre.

Il est important de noter que la société a toujours durement traité ceux qui venaient troubler le consensus. Peu de principes, qu'ils soient cognitifs ou sociaux, sont plus sacro-saints que cette notion d'un fossé infranchissable entre le monde des vivants et le royaume des morts. Ceux qui s'arrogent le droit de passer cette limite s'exposent à la pire des suspicions.

Les aléas de l'histoire

Il est très probable qu'on a délibérément fait passer certains mensonges pour la réalité et qu'on les a propagés de façon à tenir le public à l'écart des lieux où l'on faisait apparaître les esprits des défunts. Il se peut également que certains, qui prétendaient maîtriser cette technique, ne l'aient en réalité pas comprise et en aient donc été réduits à truquer. On trouve une allusion en ce sens dans un texte où Hippolyte, évêque de Rome au IIe siècle après J.-C., condamne ces différentes « hérésies » occultes :

> Mais je ne passerai pas non plus sous silence cette filouterie des sorciers qu'est la divination dans le chaudron. Ils aménagent des chambres closes dont le plafond est oint d'une peinture bleu nuit, puis ils y installent des chaudrons qu'ils placent en hauteur. Le chaudron rempli d'eau est disposé au centre de la chambre pour que le reflet du plafond lui donne l'apparence du paradis. Mais, sous le chaudron de pierre dont le fond est en cristal, est cachée une ouverture pratiquée dans le sol. C'est là-dessous, qu'à l'insu de ceux qui examinent le chaudron, se trouve une sorte de cagibi dans lequel les complices, déguisés en dieux ou en démons, exécutent ce que le magicien leur demande.

Certaines personnes ont bien des raisons de vouloir faire disparaître la technique du miroir. Ces raisons vont de l'orthodoxie acharnée à la peur de la superstition.

Je me garderais bien d'insinuer que tous ceux qui ont utilisé le miroir étaient des âmes pures animées des meilleures intentions. Il y eut bien des malhonnêtetés dans ce domaine comme dans tant d'autres qui vont de la profession de médecin jusqu'à celle de plombier.

Devrions-nous rejeter quelque chose d'utile sous prétexte qu'un certain nombre de gens en font un mauvais usage ou bien encore parce que cela va à contre-courant ? Je ne le crois pas. L'histoire nous a montré quelle était la valeur du miroir, mais aussi quels en étaient les défauts. On y trouve aussi le combat acharné de certains pour défendre ce à quoi ils croyaient.

Et l'on songe à John Dee, aussi rebelle que courageux. Il avait mis les Anglais au défi de le juger pour sorcellerie. Il fut donc emprisonné six mois durant pour le « fait d'avoir vainement, lubriquement appelé les esprits ». Il n'en continua pas moins à fixer son miroir d'obsidienne et à faire courageusement par écrit le récit des esprits qu'il y avait vus.

On pourrait se demander pourquoi dans l'Angleterre élisabéthaine un intellectuel d'aussi grand renom tenait à mettre ainsi sa réputation en jeu. Car il est indéniable que cela lui a rendu la vie difficile. Mais cet homme aspirait à la connaissance totale et voulait en savoir autant qu'il le pourrait sur lui-même et le monde qui l'environnait. De toute évidence, le ridicule importait peu pour cet homme qui écrivait dans son journal : « Avant toute chose, je dois, en mon âme et conscience, déclarer que le but que je me propose d'atteindre n'est pas de satisfaire ma curiosité, mais de faire le bien... »

III

UN PSYCHOMANTEUM CONTEMPORAIN

« Ceux qui rêvent éveillés sont instruits de bien des choses qui échappent à ceux qui ne rêvent que la nuit. »

Edgar Allan POE.

Après avoir étudié quel rôle avait joué la technique du miroir au fil du temps, je décidai d'essayer de faciliter, comme l'avaient fait les Grecs, les visions de défunts.

Je conçus un processus, qui — à mon sens — devrait permettre de susciter l'apparition des défunts parmi les vivants. Mais cela ne présentait-il aucun risque ? Je consultai le Dr William Roll qui est l'une des sommités mondiales en matière d'apparitions de défunts. Celui-ci me confirma qu'il n'avait jamais découvert une seule personne pour qui l'apparition d'un défunt ait été un événement regrettable. Contrairement à l'image populaire des films et des livres d'horreur, ces expériences étaient positives dans la mesure où elles apaisaient le désespoir, quand elles n'y mettaient tout simplement pas fin.

Pour mener le processus à bien, il fallait tout d'abord concevoir un environnement adapté. Je transformai donc le haut de mon vieux moulin en un psychomanteum contemporain. Mon psychomanteum était une version moderne de ceux de la Grèce antique, et le but en était le même : faire apparaître les défunts.

Je décidai de consacrer une pièce aux apparitions. Je fis installer sur un mur au fond de la pièce un miroir d'un mètre vingt de haut et d'un mètre de large. Le bas du miroir se trouvait à un mètre environ du sol. À un mètre du miroir, je plaçai un fauteuil que j'inclinai légèrement vers l'arrière, cela pour des raisons de confort mais également pour que le sujet ne voie pas son propre reflet dans le miroir. L'angle d'inclinaison du fauteuil était calculé de telle sorte que le sujet ne verrait dans le miroir que l'obscurité qui était derrière son dos. Le miroir n'était donc plus qu'une grande zone d'ombre réfléchissante.

Cette zone d'ombre était délimitée par un rideau de velours noir entourant le fauteuil. On avait en effet fixé au plafond une tringle arrondie pour pouvoir faire tomber un rideau autour du fauteuil et du miroir, ce qui constituait comme un box. À l'intérieur de ce box, juste derrière le fauteuil, se trouvait une lampe avec une ampoule légèrement teintée de quinze watts. Une fois les autres lumières éteintes, et les stores ainsi que les rideaux tirés, cette faible lumière était la seule de toute la pièce.

Cette pièce à la lumière tamisée constituait, avec le miroir, l'endroit idéal. J'étais maintenant prêt à vérifier mes théories.

L'étude initiale

La question posée au départ était parfaitement simple : peut-on faciliter dans des proportions notables l'apparition des défunts chez des gens normaux et équilibrés ? Pour répondre à cette question au demeurant simple, j'ai réuni dix personnes prêtes à consacrer le temps nécessaire à l'expérience.

J'avais, comme on le fait le plus souvent pour des études de ce genre, déterminé dix critères permettant de sélectionner les sujets :

— Il fallait que ce soient des gens d'âge mûr qui s'intéressent à la conscience humaine.

— Il fallait qu'ils soient équilibrés d'un point de vue émotionnel, qu'ils soient dotés d'un esprit curieux et logique.

— Aucun des sujets ne devait avoir souffert de troubles psychologiques ou mentaux, et ce pour que le risque de réagir négativement au processus soit réduit autant que faire se pouvait.

— Aucun des sujets ne devait pratiquer l'occultisme, car cela ne pourrait que compliquer l'analyse des résultats.

Je contactai donc un certain nombre de gens répondant à ces critères. Il y avait parmi eux des avocats, des psychologues, des médecins, des universitaires.

Je leur exposai en détail mon projet. Nous allions essayer, leur dis-je, de faire apparaître un défunt auquel ils avaient été très liés et qu'ils souhaiteraient revoir. Je leur demandai ensuite de sélectionner un certain nombre d'objets ayant appartenu au défunt et étroitement associés à lui. Ils les apporteraient au psychomanteum le jour de l'expérience.

Je fixai ensuite les rendez-vous en ayant soin de n'en prendre qu'un par jour. Je demandai aux sujets de venir à dix heures du matin avec les objets prévus et même, quand ils le pouvaient, avec des albums de photos. Je leur conseillai enfin de se vêtir de vêtements amples et de chaussures de marche.

Ils pouvaient prendre un léger petit déjeuner, mais ni café, ni thé, ni aucune boisson contenant de la caféine.

Juste après leur arrivée, nous partions marcher tranquillement dans la campagne. Au cours de ces promenades, nous examinions les raisons pour lesquelles le sujet voulait essayer de rencontrer un défunt. J'insistai alors sur le fait que je ne pouvais nullement garantir le résultat. Ce qui était exact. Je ne pouvais promettre qu'une apparition se présenterait, mais j'avais une autre raison plus subtile d'insister sur ce point. Je tenais à ce que l'expérience se passe dans un climat détendu. Car la tension ne pouvait qu'être source d'angoisse et réduire le nombre de chances de voir apparaître un défunt.

Après la promenade, nous prenions un déjeuner léger — consommé, salade et fruits accompagnés de jus de fruits ou de boissons gazeuses sans caféine. Confortablement installés dans des fauteuils, nous parlions ensuite longuement de la personne qui était décédée et de la relation que le sujet avait avec elle. Nous tentions de définir à quel type d'individu appartenait le défunt, à quoi il ressemblait, comment il s'habillait — bref, nous passions en revue tout ce qui faisait sa personnalité.

Le sujet m'apportait en général des souvenirs aussi significatifs que touchants. Il les gardait à portée de main durant notre conversation et les manipulait tout en parlant. Certains de ces souvenirs étaient bouleversants. Un homme a apporté l'attirail de pêche de son père. Une femme est arrivée avec le chapeau de sa sœur. Ces objets étaient des souvenirs poignants, tangibles, du défunt.

Avant de faire entrer le sujet dans la pièce aménagée pour les apparitions, il m'arrivait de le faire allonger sur un lit conçu par l'un de mes assistants. C'était un confortable lit de repos au dossier inclinable, encadré de haut-parleurs. Ce lit incitait à la relaxation profonde tandis qu'une musique douce se répandait, par conduction osseuse, dans le corps du sujet. J'utilisai ce lit avec la moitié environ de mes sujets, pour améliorer leur état de relaxation.

Ces préliminaires duraient jusqu'à la tombée du jour. J'accompagnais alors le sujet dans la pièce où était installé le miroir, allumais la petite lampe et éteignais toute autre lumière. Je demandais au sujet de regarder fixement le miroir tout en se relaxant, et de chasser de son esprit toutes pensées sauf celles concernant le défunt. Le sujet pouvait rester ainsi aussi longtemps qu'il le souhaitait, mais je lui demandais simplement de ne pas avoir de montre pour qu'il ne soit pas tenté de regarder l'heure.

Pendant toute la séance, un de mes assistants veillait dans la pièce d'à côté, prêt, si besoin était, à venir au secours de mon sujet. Lorsque ce dernier sortait, nous commencions une longue séance au cours de laquelle il me racontait ce qui s'était passé. Il pouvait alors parler de ce qu'il avait ressenti et me décrire l'expérience jusqu'à ce qu'il ait le sentiment que tout avait été dit. Il arrivait que ces séances de « debriefing » durent plus d'une heure. Je me faisais d'ailleurs une règle de ne jamais intervenir ni tenter de les accélérer. La séance n'était terminée que lorsqu'*ils* le décidaient.

« Ce que j'ai vu, c'était quelqu'un de bien réel »

Voici le cas bien classique d'un homme qui souhaitait revoir sa mère défunte. Il était venu me trouver à la fin d'une conférence que j'avais donnée dans le New Jersey et où j'avais parlé des possibilités qu'offrait la technique du miroir.

Il m'avait raconté que sa mère était décédée l'année précédente et qu'elle lui manquait cruellement. Son père était mort alors qu'il était lui-même encore jeune, et c'était donc sa mère qui l'avait élevé. Cela explique pourquoi il était anormalement attaché à elle et pourquoi elle lui manquait maintenant si cruellement.

Je sondai son histoire personnelle. Cet homme était âgé d'environ quarante ans et occupait un poste de cadre dans un cabinet d'expertise comptable de New York. Il n'avait jamais été soigné pour le moindre problème psychologique.

J'en conclus que ce serait un sujet parfait pour mon projet de recherche. Il se portait volontaire pour tester un processus qu'il était parfaitement apte à comprendre, et il répondait aux critères de sélection que j'avais définis.

Je fus donc très intéressé lorsqu'il me proposa de venir d'un coup d'avion passer une journée avec moi. Lorsqu'il arriva, nous avons suivi le protocole que j'ai décrit plus haut. Nous avons fait le matin une longue promenade dans la campagne, au cours de laquelle nous avons parlé des motivations qui lui faisaient souhaiter revoir sa mère défunte. J'ai toujours pensé que l'exercice physique était particulièrement efficace pour vous libérer l'esprit. Il y a même certains psychologues qui considèrent que la marche ou la course à pied sont une partie inhérente de leur thérapie. Tandis que nous marchions, il se mit à me parler de sa mère. Il me raconta tous les sacrifices qu'elle avait dû faire puisqu'elle était seule à l'élever, et il était ému par ces souvenirs.

« Elle était très malade à la fin de sa vie, me dit-il. Je suppose que si je souhaite tant la revoir, c'est pour m'assurer du fait qu'elle est heureuse là où elle est. »

Après le déjeuner, nous avons feuilleté des albums de photos, où, au fil des pages, nous voyions les années passer. Sur les photos les plus anciennes, sa mère était une femme robuste et heureuse, mais sur les photos de la fin, il était clair que ce n'était plus qu'une femme usée par l'âge et la maladie. Sur certaines, mon sujet pressait tendrement son visage contre celui de sa mère. Mais il ne souriait pas et il était évident que la mauvaise santé de sa mère lui pesait lourdement.

Nous avons ensuite examiné les objets qu'il avait apportés. Il y avait un pull-over qu'elle portait à la fin de sa vie et un chapeau datant de sa jeunesse.

« J'ai voulu apporter quelque chose qui me rappelle comment elle se sentait et comment elle bougeait », me dit-il en guise d'explication.

Vers la fin de la journée, je l'emmenai dans la pièce aménagée pour les apparitions et lui en expliquai la procédure. Puis je le laissai seul. Il en sortit environ une heure plus tard. Il arborait un grand sourire et des larmes lui glissaient sur les joues. Ce qui venait de se produire le transportait de joie, me déclara-t-il. Nous nous sommes assis dans mon bureau et voici ce qu'il m'a raconté :

> Il ne fait aucun doute que la personne que j'ai vue était ma mère ! Je ne sais d'où elle venait, mais je suis convaincu que c'était bien elle. Elle me regardait de l'intérieur du miroir. Je ne peux pas dire comment elle

> était habillée, mais elle avait presque quatre-vingts ans, comme lorsqu'elle est morte. Elle avait l'air en bien meilleure santé et plus heureuse qu'à la fin de sa vie.
>
> Ses lèvres ne bougeaient pas, mais elle me parlait et je comprenais clairement ce qu'elle avait à me dire. Elle m'a dit : « Je vais bien », et elle souriait gaiement.
>
> J'essayais de rester aussi détendu que possible et de simplement la regarder. Mes mains tremblaient et je sentais que mon cœur battait la chamade. Puis je me suis décidé à lui parler. Je lui ai dit : « C'est bon de te revoir. » « Pour moi aussi », a-t-elle répondu. C'était tout. Et là-dessus, elle a tout simplement disparu.

Cette expérience dédramatisa pour cet homme la mort de sa mère. « Ce que j'ai vu et entendu m'a suffi pour comprendre qu'elle ne souffre plus comme c'était le cas à la fin de sa vie, me dit-il. Et cela suffit à m'ôter un énorme souci. »

Si le sujet était certain que c'était bien sa mère qu'il avait vue dans le miroir, il n'était pas en mesure de dire d'où venait cette image d'elle. Cela pouvait être une forme de souvenir ou bien, réellement, le corps éthéré de sa mère, m'avoua-t-il. Mais il n'arrivait pas à se prononcer. « Je ne sais pas exactement à quoi cette image est due, mais je suis certain que j'ai vu ma mère. »

Des résultats surprenants

Avant même d'avoir guidé un seul sujet au cours d'une séance de miroir, je supposais que seul un faible pourcentage de sujets — peut-être dix pour cent — verraient une apparition. Je pensais aussi que tous les sujets auraient des doutes quant à la « réalité » de la rencontre et ne sauraient dire si ce qui s'était produit était « réel » ou « s'était passé dans leur esprit ».

Le résultat de mes expériences a été considérablement différent de ce que j'avais imaginé à l'origine. Après avoir guidé une dizaine de personnes seulement dans ce processus de vision facilitée, je compris qu'il était possible de multiplier ces expériences de visions de défunts. Sur dix sujets que j'ai accompagnés dans cette expérience, cinq ont vu apparaître leurs défunts. Plus tard, après avoir amélioré mon installation, je continuai l'expérience. Mais quand je songe aux toutes premières expériences que j'ai tentées, je ne peux, encore aujourd'hui, qu'être émerveillé des résultats.

« Dis à maman que je vais bien »

L'un des sujets favoris de mes toutes premières expériences était un médecin de la côte Ouest qui était venu pour rencontrer feu sa tante. Mais la rencontre qui s'est produite n'était pas celle qu'il attendait puisqu'il s'est agi de son neveu défunt, ce qui l'a laissé mal à l'aise. À la fin de cette expérience, auditive elle aussi, le sujet était fermement convaincu d'avoir parlé au jeune homme. Voici ce qu'il m'a raconté :

Je n'avais pas vraiment prévu de rencontrer mon neveu. J'étais dans la pièce au miroir depuis un temps qui me semblait long. Assis dans le fauteuil, je m'efforçais d'avoir une vision, mais il ne s'est rien passé. Soudain, je décidai de ne pas forcer les choses et de rester assis là, détendu. Je me disais : « Eh bien, moi, je ne suis pas en mesure de voir une apparition. »

C'est alors que, soudain, je sentis très fortement la présence de mon neveu qui s'était suicidé. J'étais très proche de lui, autrefois, et il avait le même prénom que mon père et moi.

J'avais la sensation très forte de sa présence et j'entendais clairement sa voix. Il me parlait. Il m'a dit bonjour et il m'a chargé d'un message très simple. Il m'a dit : « Fais savoir à maman que je vais bien et que je l'aime beaucoup. »

Cette expérience était quelque chose de très profond. Je sais qu'il était là avec moi. Je ne voyais rien mais j'avais la sensation très forte qu'il était là. Cette voix n'avait rien à voir avec le simple fait d'y penser et elle n'était pas tout à fait la même qu'autrefois. C'était comme s'il s'était adressé à moi mentalement. Je ne peux pas dire exactement ce que c'était, mais je peux dire ce que ce n'était pas. C'est une forme de communication. Je suis sûr que j'étais en communication avec mon neveu.

Cette rencontre mit mon sujet devant un dilemme. Il était absolument certain d'avoir bien été en présence de son neveu. Il se sentait également obligé de faire ce qui avait été convenu, à savoir de transmettre le message de son neveu à sa sœur. Mais il ne savait comment cette dernière allait réagir et se demandait si elle n'en viendrait pas à penser qu'il avait perdu l'esprit.

Il me dit qu'il avait timidement essayé d'aborder

le sujet en disant à sa sœur qu'il avait fait un rêve extrêmement vivant. Lorsqu'il m'en reparla huit mois plus tard, il s'était décidé à dire à sa sœur la vérité sur la façon dont cette rencontre avait eu lieu. Et elle l'avait parfaitement compris.

« Il me tenait dans ses bras »

Une femme était venue, espérant rencontrer son grand-père. Elle m'avait apporté un album de photos, et, tout en tournant les pages, elle ne m'avait pas caché combien elle l'avait aimé. Lorsqu'elle est allée s'installer dans la pièce au miroir, nous n'étions préparés ni l'un ni l'autre à ce qui allait se produire. Car non seulement elle a vu son grand-père et lui a parlé, mais il est sorti du miroir et, voyant qu'elle pleurait, il est venu la consoler.

> ... J'étais si heureuse que je me suis mise à pleurer. À travers mes larmes, je continuais à le voir dans le miroir. Et puis, il m'a semblé qu'il était plus près de moi et qu'il avait dû sortir du miroir, car j'ai compris aussitôt après qu'il me tenait dans ses bras. J'ai senti qu'il me disait quelque chose comme : « Ne pleure pas, tout va bien. »
>
> Puis il a disparu avant que j'aie eu le temps de comprendre. Mais je sens encore comment il me touchait. Cela me faisait chaud, comme si quelqu'un m'avait prise dans ses bras.
>
> C'était merveilleux de le revoir. Il était heureux et c'est bien. Même s'il me manque, c'est fantastique de savoir que là où il est, il est heureux.

Je fus surpris d'entendre qu'elle avait vraiment senti son grand-père la prendre dans ses bras, même si je sais que les rencontres tactiles avec les défunts sont tout à fait courantes en parapsychologie. J'ai lu une étude dans laquelle treize pour cent des contacts qui ont été établis avec des défunts étaient de nature tactile, ce qui signifie que la personne a senti le fantôme. Il arrive souvent aux veuves de sentir leur défunt mari, en particulier la nuit ou le matin lorsqu'elles sont allongées dans leur lit. Et si j'avais lu nombre de communications dans des revues scientifiques parlant de gens ayant « senti » les fantômes, je ne pensais pas que cela arriverait aux sujets de ma propre étude. Car cela n'est pas arrivé seulement à cette femme-là, mais à bien d'autres encore de mes sujets.

« Tu mènes ta vie exactement comme il faut »

J'ai vu un autre cas de vision de nature auditive chez une Sud-Américaine qui était venu chez moi espérant revoir son défunt mari. Il avait à peine plus de quarante ans lorsqu'il était mort l'année précédente d'une attaque cardiaque.

Le matin de sa mort, il s'était fait hospitaliser à cause d'une douleur violente dans la poitrine. Les médecins lui avaient fait subir nombre d'examens, mais n'avaient rien dépisté de nature cardiologique.

Plus tard dans la journée, on l'avait donc fait sortir et il était rentré chez lui. Quelques heures après, alors qu'il se préparait à se mettre à table avec sa famille, il avait subitement serré ses côtes dans ses mains et s'était écroulé, mort.

Son épouse n'était nullement préparée à le voir disparaître et elle s'était brutalement trouvée seule avec quatre enfants. Nous avons parlé de ce qu'elle attendait de cette vision facilitée. Son but, me disait-elle, était d'être certaine que son mari était bien là où il se trouvait. Elle souhaitait aussi savoir s'il approuvait la façon dont elle s'occupait de sa famille. Elle menait un rythme de vie trépidant puisqu'elle travaillait constamment pour faire face à toutes les tâches d'un parent unique. Tandis qu'elle parlait de sa vie avec son mari, son visage était tendu.

« Je ne sais jamais si ce que je fais est juste et je n'ai même pas le temps d'y réfléchir, me dit-elle. Je n'arrive pas non plus à me détendre. J'ai vu des psychologues, des médecins, mais ils n'ont pas été en mesure de m'aider à me sentir mieux. »

Après avoir suivi les différentes étapes de mon protocole, je l'ai conduite dans la pièce au miroir. Et voici, en ses propres termes, ce qui s'y est produit :

> J'ai vu des nuages et des lumières qui se déplaçaient d'un côté à l'autre du miroir. Il y avait aussi des lumières dans les nuages qui changeaient de couleur. J'ai pensé pendant quelque temps que j'allais le voir. Mais cela ne s'est pas passé ainsi.
>
> J'ai soudain senti sa présence. Je ne le voyais pas mais je

savais qu'il était debout tout près de moi. Et puis, je l'ai entendu me parler. Il me disait : « Continue, tu mènes ta vie exactement comme il faut et tu élèves très bien les enfants. »

Nous avons alors commencé à voir dans le miroir des choses que nous avions vécues ensemble. Nous les revivions une seconde fois. Par exemple, je nous ai vus dans la salle d'accouchement où il était avec moi pour la naissance de l'un de nos enfants. J'étais si heureuse qu'il soit à mes côtés ce jour-là, et c'était comme si nous revivions cela. J'ai vu bien d'autres choses que nous avions faites ensemble et j'étais heureuse de les revoir maintenant comme si j'étais encore avec lui.

Vous me demandez si j'étais effrayée ? Non, pas du tout. Au contraire, j'étais plus détendue que je ne l'ai jamais été depuis qu'il est mort. Je savais qu'ici, il ne pouvait rien nous arriver de mal. J'étais avec mon mari, que pouvait-il arriver de mal ?

Depuis un an qu'il est mort, j'ai toujours eu le sentiment qu'il était avec nous. Je sais qu'il est mort, parce que je l'ai vu, mais j'ai toujours eu l'impression qu'il était avec nous. Pourtant, je n'ai jamais senti sa présence comme à ce moment-là. C'était exactement comme lorsqu'il était vivant.

J'aimerais maintenant renouveler cette expérience. Je le sens plus proche et j'aimerais recommencer pour savoir si je peux vraiment le voir.

Le lendemain, cette femme recommença l'expérience. Elle était encore plus à l'aise et les résultats ont été infiniment meilleurs que la veille. Elle entendit cette fois-ci son mari lui parler d'une voix parfaitement audible. Et si elle ne l'a pas vu, elle l'a littéralement senti à ses côtés.

J'ai revu encore plus de moments de notre vie commune, mais aujourd'hui, c'était différent. J'ai vu certains flashes de lui dans le miroir et je l'ai entendu me parler très clairement. C'était comme s'il avait été dans la pièce et, au fur et à mesure que des questions me venaient à l'esprit, il y répondait.

Il était peiné que j'aie une vie aussi difficile. Mais il m'a dit que c'était ainsi et qu'il ne fallait pas que je prenne tout cela autant à cœur.

J'étais si heureuse. J'aurais voulu le prendre dans mes bras, mais je savais que c'était impossible. C'était pourtant merveilleux de savoir qu'il était auprès de nous lorsque nous en avions besoin.

Cette femme a été immédiatement soulagée par ces deux expériences. La tension qui marquait son visage avait maintenant disparu. Après ces deux séances, elle souriait de bonheur, ce qui n'était auparavant pas le cas.

La vision facilitée a eu sur elle deux conséquences. La première, c'est qu'elle a été rassurée sur le fait que son époux ne souffrait plus mais était très heureux. « Je sais qu'il va bien, m'a-t-elle déclaré. Il m'a dit au cours de cette vision qu'il allait bien. » Il était pour elle d'autant plus important de l'entendre qu'il était mort de façon brutale et douloureuse.

Ce contact établi avec son mari a également servi à lui confirmer qu'elle se comportait comme une bonne mère. Depuis la mort de son époux, outre le fait d'élever ses enfants, ce qui lui prenait déjà tout son temps, elle avait accepté deux emplois en parallèle. Elle faisait face aux nombreuses responsabilités et ne cessait de se demander si son mari approuvait la façon dont elle assumait son rôle de mère. Elle savait maintenant qu'il l'approuvait sans restrictions. Au cours de chacune des séances, son époux lui avait en effet clairement exprimé qu'elle élevait les enfants aussi bien que faire se peut et d'une façon qui emportait son approbation.

« J'ai maintenant des certitudes alors qu'auparavant, j'avais des doutes, me dit-elle encore. Je suis certaine qu'il est à mes côtés et qu'il essaie constamment de m'aider. »

Elle quitta donc le psychomanteum grandement soulagée. À bien des égards, la boucle de cette année difficile venait de se boucler. Elle était détendue, confiante, prête à affronter l'avenir. « J'ai maintenant une confirmation et cette impression que je peux continuer et désormais vivre ma vie avec une autre façon de voir l'avenir, ajouta-t-elle. Je n'ai plus à me faire de souci. »

« Je vais bien et je t'aime »

Un autre sujet, chirurgien dans une ville de la côte Est, souhaitait revoir sa mère morte en 1968. Il pensait qu'il avait une grande dette envers elle pour la façon dont elle l'avait aidé à réussir. Elle lui avait considérablement manqué au cours de toutes ces années et il se demandait souvent ce que serait sa vie si elle était encore là. Lorsqu'il s'est dirigé vers le box, il désirait donc simplement revoir sa mère. Voici ce qu'il m'a raconté en sortant :

> Je ressentais une petite appréhension en entrant dans le box et je n'étais pas particulièrement certain que cela allait marcher pour moi. Je suis resté longtemps assis là, essayant de libérer mon esprit et de trouver l'état approprié. Finalement, j'ai fini par me détendre à tel point que j'allais m'assoupir.
>
> C'est à ce moment-là que, fixant le miroir, j'ai vu une sorte de substance transparente, vaporeuse. Et, émergeant de cette substance, une silhouette prenait lentement forme, une silhouette de quelqu'un assis sur un canapé.
>
> Au commencement, je ne voyais que les contours et pas les détails. Mais, par la suite, peut-être au bout d'une minute, la silhouette a commencé à prendre forme. Les traits ne sont pas apparus d'un coup. C'était plutôt comme une de ces images de synthèse que l'on voit à la télévision. On aurait cru que le visage se remplissait du haut vers le bas, et au bout d'un moment, j'ai dit : « Mais, c'est maman ! »
>
> « Comment vas-tu ? » lui ai-je demandé.
>
> Ses lèvres ne bougeaient pas, mais je communiquais mentalement avec elle et elle me disait : « Je vais bien et je t'aime. »
>
> Alors, je lui ai posé une autre question : « As-tu souffert lorsque tu es morte ? »
>
> « Pas du tout l'ai-je entendue me répondre. La transition vers la mort a été facile. »
>
> Au début, je posais mes questions avec des mots que j'articulais d'une voix bien distincte. Mais ensuite, avant que j'aie eu le temps de prononcer les mots, les réponses me parvenaient mentalement. Je ne l'entendais pas parler, mais je savais ce qu'elle me disait.
>
> Je lui posais d'autres questions encore, telles qu'elles me venaient à l'esprit. « Qu'est-ce que tu penses de la femme que j'ai l'intention d'épouser ? »

« Tu fais un très bon choix, m'a-t-elle répondu. Continue à cultiver cette relation et ne te recroqueville pas sur toi-même. Essaie d'être plus compréhensif. »

Je crois que j'ai dû lui poser une dizaine de questions, après quoi elle s'est comme dissoute et je ne pouvais donc plus lui parler. J'ai essayé autant que je le pouvais de la faire revenir, mais j'étais en proie à une telle émotion que je n'y suis pas arrivé. Lorsque cela a été fini, j'étais bouleversé.

Des résultats étonnants

Les premiers cas m'ont laissé stupéfait. Bien que des millions de gens aient tous les ans des visions de leurs défunts, les chercheurs sont toujours partis du principe que ces apparitions étaient par définition spontanées et qu'on ne pouvait en aucun cas les provoquer. Ces visions se produisent d'elles-mêmes, prétendent la plupart des chercheurs, et on ne peut les « faciliter ».

Je pensais que c'était exact, mais j'avais quand même quelques doutes. J'avais maintenant réussi à faire qu'elles se produisent en laboratoire.

Comme les Grecs de l'Antiquité, j'avais conçu un psychomanteum où les gens pouvaient voyager pour aller consulter les esprits de leurs défunts. Si on les y préparait convenablement, il était clair que les gens pouvaient voir apparaître leurs défunts en faisant appel à ces techniques.

C'était pour moi une découverte utile et enthousiasmante. Les gens qui sont accablés par la perte d'un être cher pourraient donc maîtriser leur désespoir en direct. Au lieu d'aller raconter à un thérapeute ce qu'ils ressentaient devant la perte d'une épouse ou d'un enfant, ils pourraient parler directement à celui qui les avait quittés.

Mes travaux sur les comas dépassés m'avaient appris que le fait de revoir un défunt qui vous était cher a une formidable incidence thérapeutique. C'est, entre autres raisons, parce que l'on y rencontre un parent disparu, que l'expérience du coma dépassé n'est un événement ni terrifiant ni traumatisant. Les expériences ont prouvé que lorsque les gens sont allés au seuil de la mort, ils la redoutent infiniment moins. Et s'ils la redoutent moins, c'est parce qu'ils savent que leurs parents défunts sont heureux là où ils sont.

Voir une apparition ressemble en ceci à l'expérience du coma dépassé, qu'on y trouve, dans un cas comme dans l'autre, un apaisement à son désespoir. Ces visions de défunts n'ont rien de terrifiant. Bien au contraire, ceux qui m'en ont parlé n'y ont vu qu'une expérience positive qui leur a redonné espoir et leur a fait comprendre que leur disparu était en paix, heureux, et continuait, de façon spirituelle, à être à leur côté.

Je songe, par exemple, à un homme de Pennsylvanie qui avait perdu sa fille préférée de façon accidentelle. La jeune fille était partie se baigner dans un lac avec des amis et elle s'était noyée. Le père s'était précipité sur les lieux et avait stoïquement attendu sur la rive que les plongeurs lui ramènent le corps. Il avait alors accompagné le corps de sa fille au funérarium et avait organisé les obsèques.

Deux jours plus tard, c'est-à-dire le jour de l'enterrement, cet homme nouait sa cravate devant le miroir de sa salle de bains lorsque sa fille morte apparut brutalement à côté de lui. Elle était encore en maillot de bain et s'égouttait comme si elle venait à peine de sortir de l'eau. Elle était debout à côté de son père et lui mit la main sur l'épaule. Puis elle l'embrassa sur la joue, lui dit « au revoir » et disparut.

C'est l'autre fille de cet homme qui m'a raconté l'histoire, et elle m'a précisé que lorsque son père est venu de la salle de bains pour raconter aux siens l'extraordinaire expérience qu'il venait de faire, il avait l'épaule et le côté de la joue mouillés.

« Il n'a cessé de nous raconter cette histoire jusqu'à sa mort, me dit sa fille. Les gens lui demandaient s'il en avait eu la chair de poule, mais il répondait que non. Cela l'avait rassuré de la revoir. »

Enthousiasmé par les possibilités que présentait le miroir, je décidai donc de poursuivre mes recherches.

IV

LE THÉÂTRE DE L'ESPRIT

« Explore ce qui te vaut d'être méprisé parce que tu prétends l'explorer. »

Auteur inconnu.

Ayant compris au cours du printemps 1990 qu'il me fallait un endroit spécialement aménagé pour poursuivre mes recherches, je décidai de transformer mon vieux moulin en un lieu adapté. Je l'appelai le Théâtre de l'Esprit. Dans ce théâtre, divers éléments — la musique, l'art, le jeu, la relaxation, l'activité créatrice, l'exercice physique, la nature, les états hypnagogiques, les illusions de la perception, la stimulation intellectuelle et l'humour — se combinaient pour permettre les états de conscience altérée.

Ce théâtre aux multiples facettes est tantôt un temple, le salon d'un devin, un centre de retraite spirituelle, un musée, une école, une bibliothèque et un lieu de jeux. Il est une réplique des institutions depuis longtemps oubliées du monde de l'Antiquité, une réplique de ces oracles grecs, de ces temples d'incubation du rêve dédiés à Esculape, du *Museion,* où les Grecs venaient pour y être inspirés par les muses. Tout cela était combiné de façon à créer un climat qui permette aux rencontres avec les défunts de se produire.

Facteurs qui facilitent les états de conscience altérée

Ma stratégie a été de faire intervenir tous les facteurs dont on sait qu'ils facilitent la transition vers les états de conscience altérée. Le but du Théâtre de l'Esprit étant toujours d'éduquer, de distraire, de permettre de progresser sur le plan spirituel et de trouver, par ces états de conscience altérée, une thérapie du désespoir.

La beauté de la nature

La splendeur de la nature peut amener à des expériences mystiques ou spirituelles. Il y a chez l'être humain quelque chose de profond qui vibre devant la beauté de la nature.

Pour permettre à la splendeur de cette nature de mieux s'exprimer, le Théâtre de l'Esprit se trouve dans un vieux moulin situé dans une crique d'un coin retiré sur la côte de l'Alabama. Par la fenêtre du salon, on voit passer, le long de la crique, nombre d'animaux sauvages, et l'épaisse forêt donne un sentiment de retrait par rapport à la civilisation tout en permettant aux sujets de communier avec la nature au cours de longues promenades.

Une autre dimension du temps

Ceux qui connaissent les états de conscience altérée racontent qu'on y perd la notion du temps. Pour que mes sujets se perdent mieux dans le temps, je leur demande de ne pas porter de montre. Je m'assure également qu'il n'y a pas de pendule en vue. Il m'arrive parfois, subtile allusion à une époque où la mesure du temps était encore primitive, de poser un cadran solaire dans le jardin.

Le temps est anachronique, mais le décor, lui aussi, est hors du temps. Le mélange de meubles anciens et le grand nombre de cartes datant du XIXe siècle sont un regard plongé dans le passé.

Tout cela, parfaitement intégré au moulin, datant de 1839, a pour but de désorienter le conscient et l'inconscient, et de les propulser vers le temps jadis.

Certains de mes sujets m'ont dit avoir eu, en arrivant, le sentiment de vivre dans le passé. D'autres encore expliquent que c'est comme si une machine les avait éloignés de l'ère de la technologie pour les faire reculer d'un siècle.

L'art et l'état de conscience altérée

L'art, de quelque nature qu'il soit, peut induire un état de conscience altérée. Une psychiatre italienne a identifié ce qu'elle a nommé le « syndrome de Stendhal ». Cette atteinte bizarre, voisine de la dépression nerveuse, se manifeste lorsque les gens contemplent de magnifiques œuvres d'art. Le syndrome de Stendhal est fréquent à Florence, et touche un grand pourcentage de touristes japonais dont on sait qu'ils travaillent encore plus que d'habitude la semaine qui précède leur départ en vacances et qu'ils arrivent donc épuisés et démunis de toute stimulation extérieure. Lorsqu'ils sont enfin à Florence et contemplent les grands chefs-d'œuvre italiens, l'émotion les terrasse. Certains font même une « mini » dépression nerveuse. Au bout de quelques jours de traitement, ils sont à nouveau sur pied. Il est compréhensible que lorsqu'un individu n'a pas fait, depuis longtemps, appel à ses sens car il s'est tué au travail, son esprit est comme terrassé par la beauté de l'art.

Le pianiste concertiste Erik Pigani a raconté qu'il avait connu des états de conscience altérée chez les musiciens. Nombre d'artistes renommés lui ont dit avoir ressenti de grandes émotions spirituelles en jouant. Certains lui ont même raconté qu'ils étaient alors comme baignés de lumière.

Pigani s'était intéressé aux états de conscience altérée chez les musiciens lorsqu'il avait fait lui-même une expérience extracorporelle au cours d'un concert : il s'était subitement mis à flotter au-dessus de la scène d'où il se voyait jouer.

Tout cela m'amène à penser que l'art et la musique stimulent nombre d'états de conscience altérée tels que l'expérience extracorporelle.

Dans mon Théâtre de l'Esprit, l'art est présent pour contribuer aux états de conscience altérée.

Des tableaux, des dessins dont l'aspect inhabituel incite à la rêverie sont accrochés en maint endroit. Là où mes sujets attendent, j'ai placé quelques livres d'art en évidence, pour les inciter à les lire.

Le choix des œuvres d'art, de la décoration, n'a pas été fait uniquement par référence à leur beauté, mais aussi pour qu'ils suscitent la surprise, qu'ils frappent, ou encore pour qu'on en ressente une impression d'incongruité. Dans ce théâtre, les objets ne vont pas les uns avec les autres, parce que l'harmonie donne un sentiment d'uniformité, d'équilibre, mais aussi le sentiment que tout est prévisible. Durant les repas, par exemple, il n'y a pas deux assiettes identiques. Il peut y avoir une assiette de porcelaine toute simple à côté d'une tasse en faïence en forme de grosse grappe de raisins bleus. Dans le salon, une grande statue de bois indienne voisine avec une lampe du XIXe siècle. Un tableau de Maxfield Parrish représentant des anges jouxte des dessins de Donald Duck. Je tiens à ce que mes sujets reçoivent sans cesse de nouveaux stimuli et soient en permanence étonnés.

La stimulation par la connaissance et l'humour

J'ai une grande quantité de livres sur les états de conscience altérée, les phénomènes paranormaux et la spiritualité. La connaissance a toujours été l'un des grands moyens par lequel les gens cherchent de nouvelles directions spirituelles et j'encourage donc mes sujets à feuilleter ces livres.

Je veille également à ce que, dans mon programme, le côté amusant l'emporte sur le côté intellectuel. L'humour est, après tout, étroitement lié à l'activité créatrice. La gaieté pourrait bien compter au nombre des états de conscience altérée, car elle est agréablement grisante et a pour effet de détendre les muscles.

Les incongruités de l'humour nous conduisent souvent à avoir de nouveaux points de vue et à mieux nous comprendre. L'humour permet au sujet d'aborder de façon détendue cette expérience qui consiste à revoir un défunt.

Retrouver le sens du jeu

Pour certains, le jeu est une étape qui nous permet d'arriver à l'âge adulte. Mais nombre d'adultes ont perdu le sens du jeu et abordent la vie avec le plus grand sérieux.

Ce sont ces gens-là qui ont souvent le plus de difficultés à entrer dans des états de conscience altérée. Ils ne voient pas le lien existant entre le jeu et les phénomènes paranormaux. J'ai pourtant découvert que la parapsychologie et les phénomènes paranormaux sont aussi proches du jeu, de l'humour et de la distraction que de la recherche scientifique.

En avançant cela, je ne cherche nullement à

dénigrer la parapsychologie ou à la ridiculiser. Je crois en fait que si l'on accepte de voir les choses ainsi, la parapsychologie a beaucoup à y gagner. Même si certains esprits austères en minimisent l'importance, l'humour, le jeu et la distraction comptent au nombre des activités les plus significatives de l'homme. Le jeu créatif est de surcroît une formidable source de découverte.

Il me semble que si l'on reconnaît quelles sont les relations étroites existant entre l'amusement et la parapsychologie, cette dernière prend alors une nouvelle dimension et peut désormais jouer un rôle moins mineur dans les activités humaines. L'art, qui n'est après tout qu'une forme de distraction — qu'il s'agisse d'ailleurs de poésie, de musique, de peinture, de sculpture ou de théâtre —, a de tout temps permis à l'homme de progresser dans sa vie spirituelle.

La parapsychologie n'est en réalité qu'une recherche systématique dans le domaine du paranormal. Comme l'art, elle peut amener à une élévation spirituelle formidable, elle peut susciter l'admiration, elle peut frapper de stupeur, faire surgir l'espoir, étonner, ou nous aider à redécouvrir combien est mystérieux l'univers dans lequel nous vivons.

Si l'on pense inconsciemment que l'examen des phénomènes paranormaux a quelque chose d'amusant, on comprend mieux pourquoi les chercheurs traditionnels et autres esprits soucieux d'orthodoxie ont de tout temps dédaigné ce domaine. Car après tout, les choses qui ont un petit goût de jeu ou d'humour ne sont pas dignes d'eux.

C'est parce que je suis persuadé que le jeu est étroitement lié aux phénomènes paranormaux que je l'ai subtilement glissé dans les techniques de vision par le miroir. Lorsque, dans le salon, j'explique à ceux qui arrivent de quoi il ressort, je les installe dans de grands hamacs suspendus au plafond. Mes sujets, s'ils le préfèrent, ont encore le choix de s'asseoir dans de grands fauteuils mous, faits comme des sacs de grains.

Ils ont toujours à portée de main des jouets, car les adultes sont aussi attirés par les jouets que les enfants. Il y a des kaléidoscopes, des puzzles, des livres d'images et quantité de jeux.

J'ai fait placer des miroirs dans tous les endroits importants de la maison. Cela en partie parce que les enfants adorent passer un temps fou à s'y regarder. Mais aussi parce que les miroirs ont souvent un lien avec la superstition, et que les mettre là, c'est renvoyer le sujet vers des niveaux de conscience plus primitifs.

On regarde parfois dans les miroirs parce qu'on est à la recherche de soi-même et qu'on cherche à mieux se comprendre. J'ai donc différents miroirs, dont certains déformants, ce qui permet à mes sujets de se voir bizarrement et donc de s'éloigner de leur conception courante de la réalité.

Porte ouverte sur le psychisme

Le but de tout cela n'est pas d'inciter les participants à la légèreté ou à l'hilarité, mais d'ouvrir leur propre psychisme, de leur permettre d'explorer d'autres dimensions de leur esprit en surmontant en toute sécurité certaines de leurs vieilles inhibitions. Comme me l'a déclaré un jour un de mes sujets : « C'était comme si j'avais franchi une sorte de barrière du temps pour accéder à un autre monde. J'avais l'impression que le temps était irréel. »

Cette conception du Théâtre de l'Esprit, avec le rôle important qu'y jouent l'art, les meubles anciens, l'humour et le jeu, a permis non seulement de multiplier le nombre des apparitions, mais a également contribué à en améliorer la qualité. Au fur et à mesure de ces bons résultats, j'ai pris conscience du rôle important qu'une atmosphère peut jouer dans le domaine médical, et en particulier dans ce domaine déconcertant qu'on appelle la psychologie.

En ce qui concerne la technique du miroir, le climat adéquat est donné par l'environnement. On peut, dans la mesure où cet environnement induit un comportement de profonde relaxation, trouver qu'il a quelque chose de rituel.

Ce n'est que lorsqu'il aura atteint un certain degré de relaxation que le sujet sera conduit dans la salle des apparitions pour fixer le miroir dans lequel les visions apparaissent.

Je conduis mes recherches depuis 1990 dans le Théâtre de l'Esprit. J'ai, depuis cette date, eu l'occasion d'observer personnellement plus de trois cents personnes pendant qu'elles regardaient dans le miroir, et je les ai ensuite interrogées pour savoir ce qui s'était produit. Dans la plupart des cas, ces gens étaient venus pour avoir une vision « facilitée » d'un défunt qu'ils avaient aimé. J'ai conseillé ce processus à d'autres, comme étant une nouvelle méthode de psychothérapie qui les aiderait à mieux se connaître.

Je parlerai plus loin des autres buts dans lesquels on peut faire appel à la technique du miroir. Je me bornerai pour l'instant à parler de certaines des découvertes les plus surprenantes auxquelles j'ai été amené :

Nombre de sujets voient apparaître une personne différente de celle qu'ils s'attendaient à voir : Tous les participants se préparent à voir quelqu'un de précis. Mais environ un quart d'entre eux a vu quelqu'un de différent.

Les apparitions ne sont pas restées dans les limites du miroir : Dans environ dix pour cent des cas, les apparitions semblaient *sortir* du miroir et se mouvoir dans l'espace environnant. Les participants m'ont maintes fois raconté qu'ils avaient été touchés par l'apparition ou encore qu'ils la sentaient à côté d'eux. J'aurais dû m'attendre à ce que cela se produise, puisque Dee parle, d'après ses propres expériences, d'apparitions qui surgissent du miroir. J'ai connu un cas où l'apparition a expressément demandé au sujet de ne pas la toucher.

L'inverse s'est également produit. Dix pour cent des sujets environ m'ont dit avoir été transportés *dans* le miroir et y avoir alors rencontré le défunt.

« Il est sorti du miroir »

J'ai vu un cas — celui d'un homme d'affaires — où le sujet a rencontré une personne autre que celle qu'il souhaitait et où le défunt est sorti du miroir. En venant me trouver dans l'espoir de revoir son père qu'il avait perdu alors qu'il avait douze ans, cet homme m'avait dit que le phénomène l'intéressait mais qu'il restait sceptique. Il avait eu une admiration sans bornes pour son père et m'avait avoué que ce n'était qu'au cours des vingt dernières années qu'il avait réussi à surmonter le sentiment d'abandon qui s'était emparé de lui lorsque son père était mort.

Nous avons passé une longue journée à préparer cette rencontre, à trier des photos de famille, et à regarder sur ces photos les meubles que son père avait fabriqués. Il m'avait aussi raconté des souvenirs émouvants de moments où on l'avait emmené au parc et m'avait parlé de trajets en voiture pour se rendre dans la maison d'une grand-mère à la campagne. Puis, le soir, il était allé dans le box d'apparition. Voici l'histoire étonnante qu'il me raconta lorsqu'il en sortit :

> J'étais assis dans le box depuis un petit moment lorsque j'attrapai le coup. Cela se passe comme vous me l'avez dit : si vous essayez de faire que cela se produise, ou si vous n'arrêtez pas d'y penser, cela ne marche pas. Je m'apprêtai à me lever et à revenir ici, lorsque je me suis dit : « Je vais rester encore un petit peu », et je me suis laissé aller. Je crois que c'est pour cette raison que cela a marché. Cela a commencé pratiquement au moment où j'ai décidé de ne plus essayer de forcer les choses.
>
> J'ai vu une sorte de brouillard dans le miroir, et, pour vous dire la vérité, j'ai pensé pendant un instant que vous alliez devoir appeler les pompiers, parce que j'avais l'impression que c'était de la fumée. J'ai fini par comprendre que cela venait du miroir, mais pendant un instant, j'ai cru que c'était de la fumée. J'ai ensuite vu des tas de couleurs dans le miroir, des taches de couleur et puis j'ai commencé à voir des scènes. Certaines venaient de mon enfance. Elles étaient très réalistes. En fait, j'étais entouré de scènes en trois dimensions. J'en avais vécu certaines dans ma vie, mais d'autres m'étaient totalement étrangères.
>
> Il y en avait une où je voyais mon père, dans un passé reculé, assis sur les marches du perron. Je me souvenais de cela, donc, c'était un souvenir, mais un souvenir très clair, et qui était juste devant moi. J'aurais presque pu le toucher. J'avais en tout cas l'impression que je pourrais le faire. Mais je n'avais pas l'impression que mon père était présent, il n'était qu'un souvenir projeté dans le miroir.
>
> Il y avait aussi des scènes représentant des endroits que je n'avais jamais vus. Je ne savais pas où étaient ces endroits, ou de quoi il s'agissait, mais j'ai commencé à réaliser que ces scènes étaient autour de moi et que c'était moi qui me trouvais dans le miroir.
>
> Lorsque je suis entré dans le miroir, j'ai eu une

impression de fraîcheur, comme si j'avais été tout neuf. Je savais qu'il y avait là quelqu'un avec moi, mais je n'avais aucune idée de qui il s'agissait. Ensuite j'ai vu une forme, une personne qui prenait forme dans le miroir. Je ne la voyais que par morceaux. Cet être semblait se mouvoir dans la lumière.

Et puis, cela va sembler étrange, mais j'ai pensé que c'était moi qui étais dans le miroir et que c'était lui qui sortait dans la pièce.

Sans aucun doute, l'homme que je voyais était dans la pièce. J'ai pensé pendant quelque temps que j'étais dans le miroir, mais je suis, moi aussi, revenu dans la pièce et l'homme qui était de la même taille que moi y était avec moi. Il n'arrêtait pas de bouger. C'est en un mouvement lent, dans la lumière, qu'il a quitté le miroir pour venir dans la pièce. Il a surgi du miroir. Pendant une minute, j'ai passé mon temps à rentrer dans le miroir et à en sortir, puis je me suis rassis dans mon fauteuil.

J'ai dû sursauter, parce que quand j'ai pu voir qui c'était, j'ai reconnu mon ancien associé. Il était d'environ deux ans plus jeune que moi et nous avions travaillé quinze ans ensemble. Jusqu'au jour où, en rentrant à la maison, sa femme l'a découvert mort d'une attaque sous la douche.

Il n'avait que trente-huit ans et laissait quatre enfants derrière lui.

C'est drôle, mais à l'époque où nous travaillions ensemble, je ne pensais pas que c'était un ami aussi proche. Nous n'étions qu'associés. Mais lorsqu'il est mort, j'ai broyé du noir. Ma femme m'a avoué plus tard qu'ils avaient tous eu si peur qu'ils avaient songé à m'hospitaliser pour quelque temps.

Peu importe, mais quand il est arrivé dans le box d'apparitions, je l'ai vu bien clairement. Il était à moins d'un mètre de moi. Cela m'a tellement surpris que je n'ai plus su que faire. C'était bien lui, juste devant moi. Il était de ma taille. Il était là, bien entier, et nullement transparent. Il se déplaçait et je pouvais alors voir sa tête et ses bras bouger, en trois dimensions.

Il était exactement tel que je le connaissais lorsqu'il est mort, en un peu plus jeune peut-être. On avait l'impression que ses taches avaient disparu et qu'il était bien vivant.

Il était content de me voir. J'étais stupéfait, mais lui n'avait pas l'air de l'être. Il savait ce qui se passait, c'est du moins l'impression que j'avais. Il voulait me rassurer. Il m'a dit qu'il allait bien et qu'il ne fallait pas que je me fasse de souci. Je savais qu'il pensait que nous serions de nouveau ensemble. Sa femme est morte maintenant, elle aussi, et il m'a fait comprendre par la pensée qu'elle était avec lui, mais que je ne sais pour quelle raison, je n'étais pas supposé la rencontrer.

Je n'entendais aucun mot, pas le moindre bruit. Tout se passait par la pensée et il n'y avait pas de raison d'avoir recours aux mots.

Je lui ai posé plusieurs questions. Je voulais savoir quelque chose de précis concernant sa fille, quelque chose qui m'avait toujours préoccupé. J'étais resté en relation avec trois des enfants et je les aidais. Mais il y avait un problème avec sa seconde fille. J'étais allé vers elle mais elle m'avait reproché d'être partiellement responsable de la mort de son père. Plus tard, elle m'avait dit que nous avions trop travaillé. J'ai donc demandé à son père ce que je devais faire. Il m'a totalement rassuré sur ce que je souhaitais savoir et cela m'a éclairé sur un point précis.

Lorsque cela a été fini, il a rapidement disparu et je me suis levé du fauteuil. Bien sûr, je tremblais un peu. J'avais le sentiment que c'était lui. En ce qui me concerne, je suis sûr que c'était lui.

Je n'avais nullement l'impression que mon père était là, mais je suis certain que mon partenaire y était. Je ne savais que faire, comment me comporter. Mais maintenant, j'ai le sentiment profond d'avoir fait la paix avec mon partenaire.

Cet homme a insisté sur le fait que ce qu'il a vu dans le box n'était nullement une apparition, mais que c'était bel et bien son associé. Il éprouvait ce sentiment parce qu'on avait répondu à certaines de ses questions. Ces réponses qu'il cherchait lui-même depuis des années, il les avait obtenues au bout de quelques instants avec l'apparition de son associé.

« Je persiste à souhaiter voir mon père, m'a-t-il dit. Mais, apparemment, j'avais plus besoin de voir mon vieil associé que je ne le pensais. »

Six mois plus tard, cet homme m'a dit que l'expérience qu'il avait faite dans le psychomanteum continuait à avoir des répercussions importantes sur lui. Et il m'a redit que cela lui avait permis de « faire la paix » avec son partenaire et « d'apaiser » les soucis qu'il se faisait pour la famille de ce dernier.

Il continuait à penser souvent à ce qui s'était passé dans le psychomanteum et à être certain qu'il avait bien été, ce jour-là, en présence de son ami.

De véritables conversations ont eu lieu : Jamais il ne m'était venu à l'esprit que les sujets pourraient communiquer avec ceux qui leur rendaient visite au psychomanteum. Et pourtant, dans presque cinquante pour cent des cas, ils m'ont raconté avoir communiqué de façon complexe. Cela allait de quelques mots rassurants, quelques mots d'amour, à des messages plus longs, plus personnels, voire des conversations.

Dans environ quinze pour cent des cas, les sujets ont véritablement *entendu* la voix du défunt. Je ne veux pas dire par là qu'ils ont « entendu » comme on « entend » les pensées de quelqu'un, mais qu'ils ont entendu une voix audible. Il y a aussi eu des cas où la communication est passée par la télépathie, comme si les apparitions et les sujets se transmettaient l'un à l'autre leurs pensées, leurs sentiments, sans avoir besoin de parler.

Les apparitions surgissent a posteriori : Vingt-cinq pour cent de ceux qui souhaitaient revoir un défunt ne l'ont revu qu'après avoir quitté le psychomanteum. Je veux dire par là qu'ils l'ont vu lorsqu'ils étaient retournés dans leur chambre d'hôtel, ou chez eux. En ce qui me concerne, je l'ai vu apparaître dans une autre pièce. Ces rencontres se sont produites en général dans les vingt-quatre heures.

« J'ai pris conscience du fait qu'il y avait devant moi une apparition »

Une journaliste bien connue, âgée de soixante ans, est venue au Théâtre de l'Esprit dans l'espoir de revoir son fils qui s'était suicidé un an plus tôt.

Ainsi qu'elle le raconte, il ne s'est rien produit pendant plusieurs heures, puis l'apparition est venue alors qu'elle avait quitté le psychomanteum :

> Mon fils m'est apparu plusieurs heures après que j'eus quitté le box, et encore aujourd'hui, je peux dire que je l'ai vu aussi nettement que cette cafetière qui est sous mon nez. Si j'étais un tant soit peu artiste, je serais en mesure de dessiner ce que j'ai vu.

En rentrant à l'hôtel, j'ai donné un certain nombre de coups de fil, parce que, après cette journée passée au Théâtre de l'Esprit, j'étais très tendue, et que je voulais avoir des nouvelles de la maison. Ensuite, je suis allée me coucher et je me suis endormie.

Je ne sais pas quelle heure il était exactement lorsque je me suis réveillée, mais j'ai aussitôt senti une présence dans la chambre. J'ai vu un jeune homme qui se tenait debout, entre la télévision et la commode.

Au début, il n'avait pratiquement aucune expression, mais il me regardait. J'ai eu si peur que mon cœur battait la chamade. Heureusement que le lit était très grand, parce que autrement j'en serais tombée tant j'étais effrayée.

Une pensée m'a traversé l'esprit : « Mon Dieu, il doit y avoir une autre porte menant à ma chambre ! », c'est vous dire s'il avait l'air bien réel !

Mais je ne rêvais pas, j'étais bien réveillée. Je l'ai vu clairement, de haut en bas. La seule chose que je ne pouvais pas voir, c'étaient ses pieds. Il me regardait et je le regardais. Je ne sais combien de temps cela a duré, mais suffisamment pour que je prenne peur, et cela ne m'arrive pas souvent.

J'ai ensuite compris que c'était une apparition, et que c'était mon fils. Au début, cela ne lui ressemblait pas, mais petit à petit, j'ai compris que c'était lui. En fait, il ressemblait exactement à ce qu'il était il y a dix ans.

J'ai ensuite été très apaisée. J'avais désormais la certitude que mon fils allait bien et qu'il m'aimait. Cela a été pour moi un virage. C'était une expérience merveilleuse.

Ces rencontres sont vécues comme si elles étaient « réelles ». À ma grande stupéfaction, il est clairement ressorti de mes expériences que ces rencontres étaient vécues comme des événements bien réels et non comme relevant du rêve ou de l'imaginaire. La quasi-totalité des sujets m'a jusqu'à présent affirmé que ces rencontres étaient parfaitement réelles et qu'ils avaient bien été en présence de ceux qui les avaient quittés.

Cette expérience a des effets importants sur celui qui la vit. Bien que le sujet ait été amené à faire cette expérience dans le cadre d'un laboratoire, je demeure persuadé qu'il l'a vécue comme une expérience spirituelle positive qui a entraîné de nombreuses modifications. En voici les caractéristiques :

— Lorsqu'un événement paranormal se produit, il ébranle le fondement de ce qu'est, pour le sujet, la réalité.

— C'est une expérience positive qui répond à une profonde demande d'ordre spirituel.

— Elle modifie la façon dont le sujet conçoit dès lors le sens de la vie.

Mes observations comme mes intuitions m'ont convaincu que les modifications qui se produisent sur le sujet qui fait l'expérience du miroir sont similaires à celles qui se produisent sur un sujet qui fait l'expérience du coma dépassé. Dans un cas comme dans l'autre, le sujet devient meilleur, plus compréhensif et redoute moins la mort.

« J'étais si heureuse que j'aurais voulu crier »

Le cas d'une femme de vingt-six ans qui était venue pour rencontrer Betty, sa tante préférée, montre à quel point cette expérience peut être « réelle » et combien elle modifie les émotions les plus profondes. Cette femme, comme les autres membres de sa famille, était très angoissée depuis que sa tante était morte seule. On craignait en effet, puisqu'elle n'avait pu appeler à l'aide, qu'elle n'ait souffert durant plusieurs heures. Et voici que le sujet est entré, elle aussi, dans le miroir.

> Au début, j'étais très tendue dans le box, mais je me suis calmée assez rapidement. Je ne croyais pas vraiment que cela marcherait dans mon cas. Pour moi, vous comprenez, c'était le genre de chose qui arrive aux autres. Mais cela a commencé très brutalement. Les visions, si c'étaient bien des visions, étaient claires comme le jour. Cela n'avait rien d'irréel, mais c'est difficile à expliquer.
>
> J'ai commencé par voir des formes de couleurs qui apparaissaient dans le miroir, des taches de couleurs vives qui dansaient, qui clignotaient. Puis un épais brouillard a recouvert le miroir. C'était comme un brouillard qui tombe derrière une fenêtre et, lorsque le brouillard a disparu, la lumière était très vive. Au loin, j'ai vu une lumière, et des petites scènes très brèves, et puis mon attention a été attirée par un chemin, et j'ai compris qu'il fallait que je le prenne.
>
> Je suis donc allée dans cette direction. Je ne peux pas dire que je suis entrée dans le miroir, parce que je n'ai pas eu l'impression de le traverser, mais je suis certaine que j'étais dans une autre dimension. J'étais entourée de lumière et de quantité de scènes différentes, mais je n'y prêtai pas attention, car je savais qu'il fallait que j'emprunte ce chemin.
>
> Je l'ai donc pris et alors, j'ai vu trois personnes, debout, un peu à l'écart, sur ma gauche. Je me suis approchée d'elles, et là, j'ai réalisé que c'était ma grand-mère et ma

tante Betty, celle qui est morte, mais je n'ai pas reconnu la troisième personne, dont je suis sûre, cependant, que c'était une femme.

Ma tante Betty m'a fait comprendre que cette troisième personne était mon arrière-grand-mère Harriet, que je n'avais pas connue et dont je n'avais vu que des photos. Pourtant, elle ne ressemblait pas exactement à ces photos. Elle avait l'air plus vive que sur les portraits, ou plus vive que je ne me l'étais imaginée. Elle me semblait très jeune, et pourtant, elle était morte à un âge fort avancé. Lorsque j'étais enfant, tout le monde dans ma famille parlait d'elle. La présence de cette femme était très forte.

J'étais si heureuse que j'aurais voulu crier. C'était formidable de revoir Betty et ma grand-mère. Et puis, elles semblaient tellement bien me comprendre, si vous voyez ce que je veux dire. Elles semblaient tellement plus réceptives que lorsqu'elles étaient vivantes.

Durant cette rencontre, j'étais comme submergée de joie. J'étais si heureuse. Je n'avais aucun doute sur le monde dans lequel elles se trouvaient, mais cette rencontre était aussi réelle que n'importe quelle autre. Cependant, de là où j'étais, je ne pouvais pas les toucher.

Elles m'ont dit que tout allait bien pour elles. C'était un grand soulagement. Maintenant, je peux dire que je ne me fais plus de souci pour ma tante. Elle était vraiment détendue et calme.

Si seulement je pouvais vous décrire cette lumière. Jamais je n'ai vu quelque chose de semblable. Je n'ai pas fait tout le chemin dans la lumière. Quand j'ai vu tout cela, j'étais un peu en arrière. Je n'ai entendu aucune voix, mais je comprenais tout simplement ce qu'elles me disaient. Cela ressemblait, d'après ce que j'ai entendu dire, à de la lecture de pensée.

J'ai également passé quelque temps avec ma grand-mère. J'avais été un de ses premiers petits-enfants, et nous étions donc particulièrement proches. Elle aussi m'a dit qu'elle allait bien. C'était une rencontre tout simplement heureuse.

> Elles avaient l'air parfaitement normales. Je les ai vues très clairement. Je savais que je ne pouvais pas rester avec elles, mais j'ai compris qu'elles étaient encore vivantes et que je les reverrais. Je n'ai pas vu leurs pieds, je ne les ai vues qu'à partir des genoux.
>
> Cela n'a pas duré très longtemps. Ensuite, je suis tout simplement revenue m'asseoir dans le fauteuil et les visions dans le miroir se sont évanouies rapidement. Il est certain que vous m'avez amenée là à beaucoup réfléchir. Jamais je n'aurais cru une chose pareille. Mais il n'y a pas à se demander si c'était réel. Elles étaient bien là, devant moi.

Quatorze mois après être venue chez moi, cette femme m'a raconté qu'elle avait vu à deux autres reprises sa tante Betty lui apparaître brièvement. Aucune de ces rencontres n'avait été aussi élaborée que celle qui s'était produite dans le psychomanteum, mais dans les deux cas, elle avait senti la présence de sa tante. L'expérience vécue par cette femme dans le psychomanteum et les conséquences qui en ont découlé ont modifié son opinion sur les phénomènes paranormaux. Elle doutait fort, auparavant, qu'il y ait une vie après la vie, mais elle est maintenant convaincue qu'au-delà de la mort, il existe une vie.

Ces transformations sont-elles de longue durée ? Je ne suis pas en mesure de le dire car, pour répondre à cette question, il faudrait que j'observe les gens qui ont fait cette expérience pendant plusieurs années. Mais je suis pour l'instant en mesure d'affirmer que lorsque ces apparitions facilitées se produisent, la personnalité du sujet en est transformée, en tout cas à court terme.

Différents types d'expériences

C'est au fur et à mesure de mes expériences que j'ai pu tirer les caractéristiques de ces visions facilitées et voir dans quel pourcentage de cas elles se produisent. Cette époque me laisse le souvenir de mois extraordinaires passés avec des gens sensibles et accomplis.

Il était tout à fait fascinant d'écouter ces gens parfaitement raisonnés faire le récit de ce qui, à leurs yeux, était un événement bien réel de nature totalement inhabituelle. Quand j'y songe, j'ai le sentiment que ces récits avaient quelque chose d'inoubliable.

« Ils attendaient quelqu'un »

L'un de mes tout premiers patients a été un homme de soixante-dix ans qui avait fait une longue et brillante carrière de psychologue-psychothérapeute. Je mentionne cela pour insister sur le fait que c'était quelqu'un qui avait une compréhension aiguë et raisonnée de l'esprit humain.

Nous nous sommes préparés toute la journée dans l'espoir qu'il reverrait ce soir-là son père décédé depuis trente ans. Nous avons regardé de vieilles photos jaunies et lu attentivement d'anciens documents. Nous avons évoqué les souvenirs, bons ou moins bons, qu'il avait de son père. Vers le soir, je l'ai accompagné dans le box. Lorsqu'il en est ressorti une heure et demie plus tard, il était visiblement ému, mais heureux du voyage stupéfiant qu'il venait de faire dans le Royaume intermédiaire.

J'étais là depuis quelque temps, je ne saurais dire combien, lorsque cela a commencé. Le miroir s'est voilé d'un brouillard qui ressemblait à des volutes de fine poussière. Et puis cela a disparu et j'ai vu pendant quelque temps flotter des dessins aux formes géométriques. Je me suis senti vaciller, frissonner, comme si j'avais le vertige ou peut-être comme si j'avais des étourdissements, mais ce n'était pas cela.

Je me suis avancé, non pas d'un coup, mais tout doucement, presque comme en glissant. Je suis allé devant le miroir et je suis rentré dedans.

Très vite j'ai vu, à travers la pénombre, qu'il y avait quelque chose, au loin, devant moi. Enfin, ce n'était pas une obscurité totale. Tout était comme illuminé, mais au loin, cette tache était la plus éclairée, de telle sorte qu'en comparaison le reste paraissait plus sombre. J'avançais dans cet endroit demi-éclairé, en direction de cette lumière et au fur et à mesure de ma progression, je commençais à distinguer comme une sorte de structure. Je ne peux vous dire ce que c'était. Je l'ai parfaitement vue, mais je ne trouve pas les mots pour vous la décrire.

Cela ressemblait à un quai ou à une estrade. J'ai pensé aux quais des gares, quand les gens attendent que quelqu'un prenne le train, et c'était dans une lumière douce de teinte blanc-jaune.

Je continuais à avancer en direction de ce quai, essayant de voir ce que c'était et me demandant ce qui, diable, allait se passer, lorsque j'ai vu deux personnes sur le quai, qui regardaient au loin dans ma direction, comme si elles m'attendaient. En m'approchant encore, j'ai reconnu mes deux cousins, Harry et Ruth, avec lesquels j'avais été si proche.

Je montai subitement sur ce quai, ou du moins j'eus l'impression d'y monter, et c'est alors qu'ils se sont éclairés et sont venus vers moi, en restant cependant à une certaine distance. Je ne sais pas comment décrire cela, mais j'ai eu en permanence le sentiment qu'il y avait entre eux et moi une sorte de barrière invisible, d'écran. Je ne voyais pas cet obstacle, mais je le sentais. L'idée m'a traversé l'esprit que je n'étais pas supposé le franchir et eux non plus.

Ils m'ont immédiatement reconnu. À l'instant où je les aperçus, j'ai eu l'impression qu'ils attendaient quelqu'un et ensuite j'ai compris que c'était moi qu'ils attendaient. Ils ne m'ont pas dit bonjour, mais d'une façon ou d'une autre, ils m'ont souhaité la bienvenue. Ils savaient pertinemment que j'étais là.

Je me suis senti inondé de joie. Ils avaient l'air bien plus jeunes que quand ils sont morts ; ils ressemblaient plutôt à ce qu'ils étaient lorsque nous étions tous jeunes et si liés. Mais pourtant, il y avait une différence. C'est cela, ils étaient un peu différents, je pourrais dire qu'ils avaient l'air d'être en meilleure forme, comme s'il y avait en eux une énorme énergie, une quantité de vie.

J'ai compris qu'ils voulaient me dire qu'ils étaient bien, qu'ils étaient contents de me voir et qu'ils me reverraient encore un autre jour. Je n'entendais pourtant aucun mot. Ils communiquaient par la pensée.

J'étais heureux et je savais qu'il en était de même pour eux. Et puis, subitement, j'ai été comme aspiré en arrière et je les ai vus qui disparaissaient dans le lointain. Je me suis alors retrouvé assis dans mon fauteuil.

Lorsque j'ai demandé à cet homme comment il avait ressenti cette rencontre, il m'a répondu que ce n'était absolument pas comme un rêve. Cela lui avait semblé si réel qu'il était convaincu d'avoir été en présence de ses cousins. Et il a insisté au moins à deux reprises sur le fait que, quand il les a aperçus au début, ceux-ci semblaient l'attendre.

Cette histoire a eu un triste épilogue. Quelques mois plus tard, un ami de l'homme en question m'apprit qu'il venait de se tuer dans un accident de voiture. En reprenant son dossier pour procéder à la rédaction de ce livre, je n'ai pu m'empêcher de me demander si la vision de ses cousins qui l'attendaient n'avait pas été, d'une façon ou d'une autre, le présage de sa mort.

« Je l'ai vu juste devant moi »

Une femme, qui approchait de la soixantaine et qui souhaitait revoir son père, m'a fait un récit caractéristique de ces expériences au cours desquelles un personnage semble jaillir du miroir et entrer dans le box.

> Lorsque je me suis installée dans le fauteuil, j'étais un peu angoissée. Je ne sais d'ailleurs pas pourquoi, parce qu'il y avait plus d'un mois que j'attendais ce jour, mais c'était peut-être tout simplement parce que le moment était venu...
>
> Lorsque nous examinions les souvenirs de mon père dans votre bureau, j'ai eu comme la certitude que j'allais le voir, et, arrivée dans le fauteuil, je savais que cela allait se produire. C'était comme si j'avais toujours su qu'il allait venir. Quand je vous ai montré le coffret à bijoux qu'il m'avait fabriqué pour mon anniversaire, je savais que cela se produirait.

Mais cela m'a un peu angoissée d'aller dans le box. Après tout, je faisais là quelque chose d'étrange et qui ne me ressemble pas. À mon bureau, les gens ne croiraient jamais que j'aie pu faire quelque chose de ce genre. J'avais moi aussi du mal à le croire, mais lorsque mon père était mort, il y avait tant de choses qui étaient restées en suspens que, depuis lors, j'ai pensé presque constamment à lui.

Une fois que j'ai été dans la pièce, je ne crois pas qu'il se soit écoulé beaucoup de temps avant que je ne commence à voir des choses. Il y a d'abord eu des couleurs, et puis de jolis nuages, et tout d'un coup, j'ai vu une scène me passer rapidement devant les yeux.

Je me souviens que c'était un petit village, qui ressemblait aux villages d'Angleterre ou de France, mais c'était un village ancien, très ancien. J'avais l'impression de plonger dans le passé.

Les gens étaient habillés avec d'anciens costumes. Je crois que c'étaient des costumes du Moyen Âge, ou même encore avant. J'ai vu un homme qui m'est passé juste sous les yeux. L'air préoccupé, il faisait avancer un troupeau de vaches. Je ne sais absolument pas d'où tout cela venait. Je ne suis pas de la campagne.

Toutes ces petites scènes défilaient à toute allure mais quand mon père est arrivé dans le miroir, cela a été différent. Contrairement aux autres, son apparition n'a pas été éphémère. Il a surgi brutalement et je l'ai regardé bien en face.

Il m'a parlé et il était drôle comme il l'a toujours été. Il m'a demandé : « Pourquoi, diable, est-ce que tu essaies de me parler, ma fille ? »

Je ne peux pas dire que j'entendais une voix, comme quand je vous entends parler, mais c'était plus clair que des pensées. Nous n'avions pas besoin de mots. Je peux juste raconter ce qu'il a essayé de me dire.

Il a toujours été susceptible, mais cela d'une façon amusante. Il faisait des blagues et il avait toujours quelque chose de drôle à raconter. Cela lui ressemblait bien.

Lorsque je l'ai aperçu, il avait un large sourire. Pour

aussi drôle que cela puisse paraître, il était dans la pièce avec moi. Je sais qu'il était là.

Il semblait être à un mètre de moi, mais je me suis rapprochée. Ce n'est pas dans le miroir que je le voyais, c'était devant moi.

Nous avons parlé de choses très personnelles, concernant principalement ma mère, puis le reste de la famille. Cela semblait être la chose la plus naturelle du monde, c'était exactement comme quand nous nous parlions dans le petit salon lorsque j'étais adolescente et même après mon mariage. Si ce n'est qu'il était mort !

Je ne voyais que sa tête, sa poitrine et le haut de son ventre. Je ne le voyais pas en entier, mais il était aussi clair et net que vous. Je sentais qu'il y avait quelque chose entre nous, comme une énergie ou quelque chose de ce genre. Je vous le précise, parce qu'il me semblait que si j'essayais de le toucher, il risquait de disparaître.

Cela a duré longtemps. Il semblait un peu amusé comme s'il pensait que j'étais impatiente de lui parler et que je ne voulais pas attendre d'être morte moi aussi. Les rôles étaient inversés, parce que auparavant, c'est moi qui étais patiente, et lui qui voulait toujours que les choses soient faites en un clin d'œil. Quand j'y repense, il me taquinait peut-être sur mon impatience comme je l'avais, moi, taquiné autrefois.

Je lui ai parlé longtemps, peut-être une demi-heure. Mais cela a passé si vite.

La dernière chose qu'il m'a dite, c'était : « Maintenant, profite de ta vie. » Je me suis sentie si bien quand il a dit cela. Un soulagement formidable s'est emparé de moi. Je crois que je ne me suis jamais sentie aussi bien depuis qu'il est mort. C'était comme si quelque chose s'était fermé et que la douleur de sa mort avait pris fin. Puis il a disparu et il ne restait plus que le miroir.

« Maman est sortie du miroir »

Il y a des années de cela, avant même d'essayer la méthode du miroir, j'ai eu une vision de ma mère. Elle s'est suicidée en 1975. Mon grand-père, je veux dire son père, était pasteur et j'ai été élevée dans l'idée que le suicide est le pire des péchés. Donc, quand elle est morte, j'ai été déchirée à l'idée de l'avoir perdue, mais encore plus déchirée à l'idée qu'*elle* était irrémédiablement perdue.

C'est cela qui m'a accablée pendant son service funèbre. Mais une petite voix — je dis que c'est une petite voix divine — m'a parlé et j'ai alors tourné la tête sur la droite, et en haut, près du plafond, j'ai vu ma mère et le Christ qui marchaient main dans la main. Cette vision était très colorée et elle était aussi naturelle qu'en réalité. Tous deux regardaient par-dessus leur épaule, m'ont souri et ont disparu.

C'est là qu'a commencé ma recherche spirituelle. J'ai compris à cet instant précis que bien des choses qu'on m'avait racontées n'étaient pas exactes.

Mon mari Bill a été tué à peine un an plus tard. Il y avait dix ans que nous étions mariés. C'était pour moi une période totalement noire. Et c'est à partir de ce moment-là que j'ai pris un chemin spirituel.

J'ai médité pendant de longues périodes. J'ai essayé d'arriver à un niveau de méditation tel que je puisse communiquer avec mon mari, ce qui explique que j'étais très calme lorsque je suis entrée dans le box.

Je ne sais pas depuis combien de temps j'y étais, peut-être dix ou quinze minutes, peut-être moins, lorsque quelque chose s'est produit. Au bout d'un moment, je n'ai plus vu le miroir, et, à la place, j'ai vu maman.

Au début, je n'ai vu que son visage, de loin. Et puis, au fur et à mesure qu'elle s'est rapprochée, elle a de plus en plus ressemblé à un fantôme, mais pas à un fantôme qui fait peur. Elle n'était pas aussi vive, aussi dense qu'autrefois. Et puis, elle était entourée d'une sorte de brouillard.

Elle me souriait et elle m'a appelée « Mon petit oiseau », comme elle le faisait lorsque j'étais petite. « Mon petit oiseau, a-t-elle dit, je suis venue te voir parce que Bill ne peut pas le faire. Je suis un peu plus avancée que lui et il a encore des tas de choses à apprendre. Mais il progresse. Il va bien et il t'aime beaucoup. »

C'est à ce moment précis qu'elle est comme sortie du miroir. C'était comme si elle avait été là. Elle avait sur le visage une merveilleuse expression. Elle était radieuse.

J'ai senti une grande chaleur et je ne sais si c'était l'émotion ou l'énergie qui l'entourait. Sa voix était différente de celle que nous avons quand nous parlons, vous et moi. Tenez, voici la meilleure façon de vous faire comprendre : je travaille depuis des années en tant qu'opératrice de téléphone sur l'étranger. Quand nous avons commencé à passer par satellite, la qualité du son a changé. C'était pareil.

Je n'ai pas rêvé ce qui s'est produit. C'était parfaitement réel.

Le plus curieux, c'est que maman était si près de moi que j'aurais pu la toucher. Je ne sais pas ce qui se serait passé si j'avais essayé. J'étais tellement fascinée, tellement concentrée sur ce qu'elle avait à me dire, je faisais tellement attention de ne pas la perdre des yeux, que je n'ai pas pensé à essayer. C'est surtout elle qui m'a parlé. C'était comme si j'avais été dans les limbes et que, impressionnée, je me sois bornée à observer ce qui se passait.

J'ai dû rester dans le box trente ou quarante minutes. Lorsque cela a été terminé, le fin brouillard est revenu et elle a disparu.

Cette expérience a modifié de façon positive la vie de cette femme qui, dès lors, a été plus détendue et d'un contact plus agréable. Elle arrive maintenant, lorsqu'elle se sent angoissée, à revoir sa mère pendant ses méditations. « En général, je revois maman dans les périodes où j'ai de gros problèmes. Elle me rassure et me dit : “ Tout va bien, tu vas aller bien. ” C'est bon de la sentir si proche de moi. »

« Ils avaient tous l'air très vivants »

Un jeune homme de vingt-six ans, qui était entouré d'apparitions de parents défunts, a essayé de les toucher. Il était venu au psychomanteum dans l'espoir de revoir sa sœur qui était morte. Voici son histoire telle qu'il me l'a racontée :

> J'étais assis là lorsque, subitement, j'ai eu l'impression que ces trois personnes entraient dans la pièce et venaient autour de moi. On aurait cru qu'elles sortaient du miroir, mais jamais je n'aurais pensé que c'était possible et j'ai donc eu un choc. Je ne savais pas ce qui allait se passer.
>
> J'ai cru pendant un instant que vous me faisiez une farce. Alors, je me suis levé rapidement et, ce faisant, ma main a écarté le rideau.
>
> Je les voyais toujours. Je les ai regardés tous les trois : ma sœur Jill était là, mais les deux autres y étaient également, je veux dire mon ami Todd et mon grand-père. Ils avaient tous l'air très vivants et ils me regardaient.
>
> Je n'entendais aucune voix et ne communiquais pas réellement avec eux. Cela s'était produit de façon tellement subite et c'était un tel choc pour moi. Ils n'ont rien dit, mais leur regard était plein de bonté et je sentais qu'ils essayaient de me faire comprendre qu'ils allaient bien. Autour d'eux, la lumière n'était pas comme celle que nous

connaissons. Ils étaient illuminés. Ils avaient l'air très heureux. Tout cela était totalement réel. Je sentais également leur présence. C'était exactement comme s'ils avaient été dans la pièce avec moi.

Il est assez probable que cet homme a ressenti la même frustration qu'Ulysse lorsque ce dernier avait tenté de prendre sa mère dans ses bras. Il s'est ensuite souvent demandé ce qui se serait passé s'il avait tenté de toucher les apparitions. Il a maintenant l'intention de recommencer, mais la prochaine fois, il laissera la vision suivre son cours.

Visions différées

Une femme de quarante-quatre ans est venue au psychomanteum pour y voir son mari décédé deux ans plus tôt. Nous nous sommes préparés toute la journée à cette expérience en parlant de ce qu'avait été leur relation. Le soir, elle est allée s'installer dans le box. Une heure plus tard, elle en est ressortie déçue car elle n'avait eu que quelques visions floues de ce qu'elle pensait être un homme. Il n'y avait eu aucun message et l'image avait rapidement disparu.

Mais ce qui est intéressant dans le cas de cette femme, ce n'est pas ce qui s'est passé dans le box. Comme certains autres de mes sujets, elle a eu une « vision différée », c'est-à-dire que l'apparition s'est produite quelque temps plus tard.

Voici son histoire :

Lorsque j'étais dans le box, je n'ai pas cessé de penser qu'il y avait quelque chose dans la partie droite du miroir. Mais lorsque j'ai regardé le miroir, et que j'ai tenté de fixer mes yeux sur cet endroit-là, l'image a disparu. J'ai recommencé à fixer mon regard dans cette direction, et j'ai alors vu quelque chose qui semblait se trouver du côté de mon épaule droite. Je me suis retournée, mais cela avait disparu. Cela ressemblait à quelqu'un, mais je ne saurais dire qui.

J'ai ensuite vu une autre image. C'était un homme, mais je n'avais aucune idée de qui il s'agissait. En fait, j'ai cru au début que c'était vous qui veniez voir comment cela se passait.

L'homme était à la fois dans le miroir et à l'extérieur du miroir. Il en était sorti, et c'est la raison pour laquelle j'avais tourné la tête vers la droite. Ce n'était pas un reflet, c'était bien une forme réelle qui sortait du miroir, mais quand je me suis retournée pour regarder à nouveau, il était parti.

Là, j'ai abandonné. Je suis descendue et j'étais vraiment déçue, car je pensais que, décidément, cela n'avait pas marché.

Puis je suis rentrée à la maison. Cette nuit-là, j'ai commencé à avoir le sentiment très net qu'il y avait quelqu'un près de moi. J'essayais de dormir, mais c'était comme si je sentais quelqu'un dans la chambre. Je me réveillais, toujours avec ce sentiment qu'il y avait quelqu'un dans la chambre, mais je n'arrivais pas à savoir qui c'était.

La seconde nuit, je me suis réveillée avec le sentiment très net que mon père était dans la chambre. Je suis sûre qu'il essayait de me parler, mais je ne comprenais pas ce qu'il me disait. Cette fois-là, je n'ai pas réussi à me rendormir.

Cela a recommencé la nuit suivante. C'était la troisième

nuit de suite que je me réveillais brutalement avec ce sentiment d'une présence dans la chambre. Cette fois-là, j'ai senti l'odeur de l'after-shave de mon père.

J'étais complètement réveillée et ce n'était pas un rêve, c'était bien concret, bien là.

J'ai levé les yeux et j'ai vu mon père debout près de la porte de ma chambre. J'étais allongée dans mon lit, mais je me suis levée et suis partie dans sa direction. J'étais à quatre pas de lui. C'était tout à fait mon père, mais il n'avait pas cet air souffrant qu'il avait juste avant de mourir. Il avait l'air plus étoffé que quand il est mort. Il avait une expression de plénitude, comme si tout était merveilleux.

Je n'ai pas entendu sa voix, mais j'ai compris ce qu'il me disait. Il voulait que je cesse de me faire du souci. J'avais la nette impression qu'il me disait que tout allait bien.

J'avais été très angoissée parce que mon père était mort seul. Il n'y avait personne auprès de lui à ce moment-là, et les problèmes s'étaient multipliés au moment de sa mort. On s'était demandé, par exemple, s'il avait eu assez d'oxygène pour aller jusqu'à la fin de la nuit. Cela m'avait beaucoup angoissée parce que je suis fille unique et que mes parents étaient séparés.

Mais quand je l'ai vu cette nuit-là, j'ai eu l'impression très nette qu'il allait bien et qu'il me disait de ne pas me faire de souci pour lui. Je comprenais tout simplement ses pensées et lui, les miennes.

Et puis, il a disparu. Je suis ensuite restée un bon moment éveillée. C'était comme si j'avais réellement été avec lui et je ne voulais pas laisser disparaître cette impression.

Cette expérience a laissé le sujet quelque peu perplexe. Elle s'était préparée à voir son défunt mari, et voilà qu'au lieu de cela, elle avait vu son père. Elle en avait déduit que peut-être le miroir ne laisse pas le choix.

« C'était comme si j'avais eu devant le visage une grande grande poêle dans laquelle j'aurais fait un trou en disant “ je veux voir mon mari ”. Mais je ne pouvais que laisser le trou béant pour qu'y apparaisse celui qui devait venir à moi. »

Depuis qu'elle a fait cette expérience, cette femme a vu ses craintes s'apaiser au sujet de son père. Elle ne se sent plus ni coupable ni angoissée lorsqu'elle songe à lui. « Quand je pense à lui maintenant, m'a-t-elle dit, j'ai le sentiment très net qu'il y a une réelle communication entre nous. »

Ce type d'expérience, qui rappelle l'incubation des rêves, est relativement fréquent chez ceux qui sont venus au psychomanteum.

Il se produit de façon caractéristique chez ceux qui n'ont rien vu, ou pas grand-chose au psychomanteum, mais qui, de retour chez eux, ont une vision spectaculaire.

« Jane était à côté du lit »

Un homme qui approchait de la soixantaine et avait perdu sa fille cinq ans plus tôt dans des circonstances tragiques a, lui aussi, eu une vision différée. Il avait voulu venir dans mon laboratoire car, depuis la mort de la jeune fille, il n'arrivait pas à surmonter le désespoir qui s'était emparé de lui.

Il ne l'a pas vue lorsqu'il était dans le box. Mais deux jours plus tard, il m'a téléphoné pour me décrire la rencontre fascinante qu'il avait faite la veille au soir.

Je suis allé me coucher vers 23 h 30, juste après le dernier journal télévisé, et je me suis endormi dans la seconde. Puis, subitement, je me suis réveillé et je me suis assis droit comme un I dans mon lit. Je savais que ma fille était dans la chambre. J'ai regardé le réveil : il était très exactement 2 h 37.

Jane était juste à côté du lit. Cela me faisait la même impression que lorsque, revenant tard de l'université, elle venait nous trouver dans notre chambre pour nous dire bonsoir.

Elle était magnifique. Elle était resplendissante, auréolée d'une très belle lumière. Elle était heureuse et rayonnante. Elle n'a cessé de me répéter : « Calme-toi, calme-toi un instant. »

Je ne l'entendais pas parler, je n'entendais pas le moindre son. Mais elle me transmettait ses pensées avec tellement de force que c'était presque comme si j'avais pensé cela moi-même.

La lumière de la rue filtrait à travers les stores et je la voyais parfaitement. Mais j'insiste sur le fait que j'étais réveillé, totalement réveillé, cela ne fait aucun doute. Et vous savez bien que je ne suis pas le genre de type qui s'imagine des choses.

C'était ma fille. Elle me disait que tout allait bien, qu'elle était bien. Alors j'ai pensé, ou peut-être qu'elle me l'a dit, que la mort n'était pas du tout ce que je croyais. Elle était heureuse et elle souriait. Elle ne cessait pas de me répéter : « Calme-toi. Je ne peux pas rester longtemps, mais tu n'as aucune raison de te faire du souci. Je vais bien. »

C'était tout. Puis elle m'a dit « au revoir, pour le moment », et elle est partie.

D'après le réveil, l'expérience avait duré quatre minutes et la jeune fille a brutalement disparu, « comme on éteindrait avec un interrupteur ».

Son père est convaincu que ce qu'il a vu n'était absolument pas une apparition, mais que c'était bien sa fille. Il a alors senti la tristesse qui l'avait envahi depuis sa disparition brutale s'apaiser de façon notoire. « Ce n'était pas un rêve, c'était la même chose que quand on rencontre n'importe qui de bien vivant, m'a-t-il dit. Et je suis certain que je la reverrai un jour. »

Différents types d'apparitions

Au bout d'un certain nombre d'expériences identiques à celles-ci, j'ai décidé d'avertir les sujets que les apparitions risquaient de se reproduire lorsqu'ils seraient retournés chez eux.

En fait, chaque expérience me permet d'en savoir plus et j'adapte donc constamment ma façon de procéder.

J'explique aussi à ceux qui viennent que les apparitions spontanées se produisent sous différentes formes et qu'elles peuvent faire appel à tous les sens. La plupart des apparitions sont de nature visuelle, la personne voyant réellement le défunt. Mais les apparitions sont souvent de nature auditive (vingt-sept pour cent environ) ou de nature tactile (treize pour cent).

Voici donc maintenant trois cas, cités à titre d'exemple, d'expériences de nature auditive.

« Il est trop embarrassé pour parler »

Une psychiatre d'une quarantaine d'années est venue me trouver dans l'espoir de revoir son père. Celui-ci avait été, à la fin de sa vie, injurieux et méchant avec les siens.

Pour réveiller ses souvenirs, cette femme m'avait apporté un objet de bois que son père avait fabriqué ainsi que quelques photos.

Le père était mort depuis trois ans et, au cours des dernières années de sa vie, la relation qu'il avait eue avec sa fille avait été pour le moins tendue et conflictuelle.

Voici, à la lumière de cette relation difficile, quel a été le résultat de la séance :

> Il y avait déjà un bon moment que j'attendais dans le fauteuil lorsque j'ai vu apparaître dans le miroir différentes formes, des couleurs, des motifs. Puis, un peu plus tard, j'ai eu la surprise d'entendre brusquement ma grand-mère me parler. J'entendais très distinctement sa voix, cette voix que je n'ai pas entendue depuis des années qu'elle est morte.
>
> Alors, j'ai demandé : « Mamie, c'est toi ? »
>
> Et elle a répondu : « Oui, c'est bien moi. » Puis elle a ajouté : « Je suis ici avec Howard et Kathleen (mon oncle et ma tante qui sont décédés), et ton père est là aussi. »
>
> « Est-ce qu'il peut venir me parler ? » ai-je demandé.
>
> « Non, a-t-elle répondu, il est trop embarrassé pour te parler. »
>
> Je suis certaine que l'embarras de mon père était dû à son comportement vis-à-vis de ses enfants pendant les huit

dernières années de sa vie. Je pense également qu'il avait, sur ceux qu'il aimait, quelques idées paranoïdes totalement injustifiées. Il était, jusqu'à un certain degré, persuadé que nous lui voulions du mal.

D'après la conversation que j'ai eue avec ma grand-mère, il est évident pour moi qu'il sait maintenant que nous n'étions pas méchants, et ce qui le gêne, c'est probablement son comportement et certaines choses terribles qu'il nous a dites.

Au sujet de l'expérience en soi, je pourrais dire que j'ai entendu au cours de ma carrière quantité de patients schizophrènes me parler de voix, mais ils me disaient alors que ces voix étaient autoritaires, critiques, ou encore ils parlaient de gens qui marmonnent, qui grommellent.

La voix de ma grand-mère n'avait rien à voir avec tout cela. Elle avait exactement le même timbre qu'autrefois. C'était comme si ma grand-mère avait été très près de moi. Mais pourtant, c'était étrange. Je ne l'attendais absolument pas et j'avais, cependant, le sentiment qu'elle était dans le box avec moi.

« C'était exactement comme si elle avait été là »

J'ai eu un autre sujet qui a entendu une voix surnaturelle alors qu'il était au psychomanteum. C'était un homme de vingt-cinq ans qui était venu pour revoir sa petite amie qui s'était tuée alors qu'ils n'étaient tous deux qu'adolescents. S'il n'a pas vu la jeune fille, les résultats de l'expérience n'en ont pas moins été satisfaisants.

Au bout de cinq minutes environ, j'ai entendu la voix de cette jeune fille qui s'était tuée dans un accident de bateau.

C'était exactement comme si c'était elle qui m'avait parlé. Mais il ne s'agissait pas de pensées, de rêve éveillé ou du fruit de mon imagination. Jamais je n'ai entendu quoi que ce soit de semblable.

Elle me parlait le plus simplement du monde et elle m'a dit qu'elle était dans un endroit merveilleux. J'entendais chaque mot très distinctement, très clairement. Les mots avaient un drôle de son, comme un écho, comme si elle avait parlé dans un tube métallique. Mais c'était bien, à n'en pas douter, sa voix.

J'avais été très marqué par sa mort. Tous nos amis en avaient été marqués. Je n'avais jusqu'alors jamais vu mourir aucun de mes amis, personne de ma famille, c'était la première fois que cela m'arrivait. Et je n'avais cessé de penser que j'aurais aimé lui dire au revoir, ou lui dire que je l'aimais.

Cela a donc été une expérience merveilleuse. J'ai été totalement rassuré, comme si je m'étais trouvé avec elle. Je ne la voyais pas, mais c'était exactement comme si elle avait été là.

« Nous communiquions directement sur le plan émotionnel »

J'avais d'autant plus envie de tenter une expérience d'apparition facilitée avec cette femme qu'elle était la première personne sur laquelle j'aie travaillé qui ait fait une expérience de coma dépassé. Son histoire est tragique. Quelques mois à peine après que sa sœur se fut tuée dans un accident de voiture, cette femme avait elle aussi failli être tuée, également dans un accident de voiture. Elle avait donc fait un coma dépassé, et c'est alors qu'elle avait revu sa sœur défunte. Cela s'était produit au cours d'une expérience extracorporelle et cela avait causé chez elle une profonde émotion qu'elle n'avait jusqu'alors jamais ressentie. Voici en quels termes elle m'avait décrit cette expérience : « J'ai alors découvert que le corps physique fait barrage aux émotions. Pendant que j'ai quitté mon corps, j'ai ressenti mes émotions à l'état brut. Tandis que j'étais hors de mon corps, mes émotions allaient à la rencontre de celles de ma sœur, c'était un contact émotionnel direct. »

Je trouvais donc d'autant plus intéressant de tenter l'expérience de l'apparition facilitée avec cette femme, que cela allait me permettre de comparer les résultats de la technique du miroir avec ceux du coma dépassé. Voici ce qu'a donné chez elle l'apparition facilitée :

> J'ai d'abord eu l'impression que le miroir montait. Il montait lentement. Puis j'ai vu apparaître des images, des formes, des éclairs de lumière. Ensuite, il y a eu une lumière rouge avec, au centre, une sorte de brouillard de couleur verte. Et puis j'ai entendu ma petite sœur qui me disait : « Je suis là ! »
>
> Alors, j'ai dit mentalement : « J'aimerais bien te voir », et elle a répondu : « Mais je suis là ! »
>
> J'ai essayé de me détendre, mais je n'arrivais pas à la voir. Pourtant je la sentais ! J'ai senti qu'elle m'a embrassée sur la joue comme elle le faisait quand elle était vivante. Et là, je l'ai entendue me dire : « Je suis là ! »
>
> Je n'arrivais pas à la voir, mais je savais qu'elle était là. Je sentais tout l'amour que dégageait sa présence. Là, j'ai eu brusquement une vision remontant du passé. Je nous ai vues assises dans sa chambre, en train d'écouter des

> disques. Je nous ai aussi vues jouer aux échecs, c'est comme cela qu'elle avait fini par être dans la meilleure équipe de joueurs d'échecs. Et à ce moment-là, j'ai retrouvé cet amour que nous ressentions lorsque nous faisions tout cela pour de vrai.

J'ai demandé à cette femme de comparer ce qu'avaient été pour elle la vision dans le miroir et son expérience de coma dépassé. Pendant son coma dépassé, elle avait vu sa sœur, alors que là elle ne l'avait qu'entendue ou sentie. Mais il n'y avait, dit-elle, guère de différence sur le plan émotionnel. « C'était comme d'entendre une vraie voix. Je l'entendais me parler. C'était comme si elle s'était penchée en avant pour me parler dans l'oreille. »

Désespoir et connaissance

Le mot *psychomanteum* signifie au sens étymologique que l'on fait venir les esprits des défunts dans un but de divination, pour pouvoir leur poser des questions sur l'avenir ou sur des choses cachées. Les puristes me chicaneront sur le fait que l'environnement que j'ai conçu pour cette recherche n'est pas un psychomanteum, puisque mon but n'est pas de faire venir des défunts dans un but divinatoire. Ces défunts venaient (et continuent d'ailleurs à venir) pour répondre au désir de ceux qui les ont vus disparaître. Quelle que soit la différence de l'intention dans laquelle ont été construits ces anciens psychomanteums et le mien, il me semble qu'il y a tout de même des similitudes dans la façon de les utiliser.

Le travail que j'ai fait jusqu'à présent dans le domaine des apparitions facilitées m'a permis de prendre la mesure du rôle joué par le désespoir dans la vie de l'homme.

L'historien Plutarque nous raconte à ce sujet une histoire touchante. Un homme important et riche du nom d'Élysée était obsédé par l'idée que son plus jeune fils, qui était mort, avait peut-être été empoisonné. Torturé par cette pensée, Élysée s'était rendu dans un psychomanteum situé au sud de ce que nous appelons aujourd'hui l'Italie, et où l'on procédait apparemment à une forme d'incubation des rêves. Après avoir observé le rituel d'usage, Élysée s'était endormi et avait alors eu une vision. Son père lui était apparu et était venu vers lui. Élysée lui avait raconté ce qui s'était passé et l'avait supplié de trouver la cause de la mort de son fils. Le père d'Élysée était suivi d'un jeune homme. Et, comme cela s'est produit à maintes reprises dans mon Théâtre de l'Esprit, Élysée n'avait pas immédiatement reconnu le jeune homme qui n'était autre que son fils. Celui-ci lui avait alors dit qui il était, et avait affirmé à son père qu'il était mort de mort naturelle.

Je crois que si aujourd'hui, nous souhaitons revoir nos défunts, c'est pour des raisons nullement différentes de celles des Grecs de l'Antiquité. Je suis certain, que, ce faisant, la plupart d'entre nous, aujourd'hui comme hier, ne désirent pas savoir quelque chose de précis, mais partent à la recherche de l'aventure, à la recherche d'un achèvement, d'un apaisement.

V

SUR LE CHEMIN DE LA DÉCOUVERTE DE SOI-MÊME

« Il me semblait avancer dans un monde de fantômes et n'être que l'ombre d'un rêve. »

Alexis Tolstoï.

La réflexion et la méditation ont, dans notre monde moderne, été largement distancées par la technologie. Notre rythme de vie frénétique a fait que nous avons, de façon parfaitement tangible, perdu le contact avec nous-mêmes.

La lutte permanente que nous menons pour maintenir ce rythme nous a conduits à perdre le contact avec nous-mêmes et nos sentiments profonds. Et c'est là que la technique du miroir peut être utile. Il arrive que ce que l'on voit spontanément en fixant les yeux sur un miroir (et je ne parle pas des visions facilitées) nous mène au plus profond de nous, de ce que l'on appelle l'inconscient.

« J'ai ressenti une terrible frayeur »

Une femme de quarante-quatre ans, à qui j'avais exposé la méthode du miroir, a commencé à la pratiquer seule. Il y avait des années qu'elle cherchait, par la psychothérapie traditionnelle, la clef de ses difficultés psychologiques. Au bout d'un certain nombre de séances en face du miroir, elle a retrouvé un souvenir qui lui a permis d'avancer considérablement dans la compréhension de son propre comportement. Voici son histoire :

> Lorsque j'ai essayé la méthode du miroir, j'ai découvert que des sentiments intenses remontaient à la surface. Il était clair que cela me donnait accès à des sentiments d'une rare intensité, que j'avais refoulés dans mon état de conscience habituel.
>
> J'avais très peur, mais je ne savais pas de quoi. Il m'arrivait de littéralement sauter en l'air et d'arrêter tout parce que j'étais angoissée.
>
> Puis j'ai découvert que ce que je redoutais, c'était d'avoir à me prendre en charge. J'avais aussi affreusement peur de l'échec.
>
> J'ai vu différents visages et différentes situations. Et chacun de ces visages, chacune de ces situations me prouvait combien j'étais rongée par l'angoisse.
>
> Au cours d'une séance, j'ai compris quel était mon mode de relation aux autres. Cela remontait à mon enfance et tenait au fait qu'étant l'aînée, j'ai dû m'occuper des autres enfants de ma famille.
>
> Je me suis vue avant la naissance de mes frères, alors que mes parents tenaient à moi comme à la prunelle de leurs yeux. Puis mes frères sont arrivés et tout a changé. C'étaient eux qui intéressaient les grandes personnes et pas moi. Alors pour attirer l'attention de mon père et son amour, j'ai décidé de m'occuper des petits. Je me suis vue dans le miroir leur donner leur bain tandis que mes parents étaient au salon.
>
> Pour être accommodante, je me suis par la suite toujours tenue en retrait des hommes avec lesquels je vivais. Et quand je jugeais qu'il fallait coûte que coûte sauver une

> relation, c'était moi qui faisais les efforts. Je me suis revue faisant des choses qui m'ennuyaient, juste pour faire plaisir aux hommes de ma vie.
>
> Et puis j'ai vu un événement qui s'est produit dans ma famille. Ma grand-tante allait avoir quatre-vingt-dix ans, et ma mère et mon frère avaient décidé d'organiser pendant le week-end une fête en son honneur. Dans le miroir, je me suis vue me propulsant pour tout organiser, appelant ma mère et lui disant que j'apporterais tout ce qu'il fallait pour le dîner du vendredi soir.
>
> Ces images me font mal. Je réalise que dans mes relations, si mes soi-disant amis ou parents viennent me trouver, ce n'est pas pour le plaisir, mais pour me demander de les aider à quelque chose. C'est le miroir qui m'a permis de comprendre que j'étais accablée par tout ce que j'avais voulu faire, et que cela n'avait jamais été un plaisir.

Après cette expérience du miroir, cette femme a changé bien des schémas de son comportement. Elle a cessé de se porter volontaire pour des tâches qu'elle ne trouvait pas agréables. Au lieu de se précipiter pour prendre tout le monde en charge lors des réunions de famille, elle s'est fait plaisir et a laissé aux autres le soin de mener les opérations. Le problème était le même dans sa relation avec ses enfants, pour lesquels elle avait pris tant de décisions. Elle les laisse maintenant faire leurs propres erreurs et intervient très peu. « Au lieu de leur dire ce qu'ils doivent faire, jc me borne à faire des suggestions », m'a-t-elle dit.

Les visions symboliques

La vision de cette femme dans le miroir était réelle, elle n'était pas faite de symboles ou d'images. Elle est donc d'autant plus parlante qu'il n'y a guère d'éléments à interpréter. Les visions symboliques sont plus difficiles à comprendre. Mais une fois qu'on y est arrivé, elles apportent autant au sujet que celles qui sont dénuées de tout contenu symbolique. Il arrive même qu'elles apportent plus que les visions « réelles », car elles laissent au sujet toute liberté de les rattacher à des éléments de sa vie.

Comme le prouve le récit suivant, la vision par le miroir est riche de contenu symbolique :

> J'ai horriblement peur des serpents. Et plusieurs fois, en regardant le miroir, j'ai vu se former des serpents.
>
> Dans l'une de mes visions, j'ai vu que la maison dans laquelle j'ai été élevée était prise d'assaut par un serpent qui était presque aussi gros qu'elle. Ce serpent se dressait, sifflait, sortait la langue comme s'il allait piquer. Et puis est arrivé un autre serpent qui était tout aussi gros mais différent du premier. Il était bleu, il avait de magnifiques yeux bleus et il souriait.
>
> En le regardant, je me suis dit : « Oh, qu'il est ravissant ! » Mais j'ai aussitôt pris peur et je suis partie en courant. Je m'en méfiais.

Une fois la séance de miroir terminée, nous avons parlé de ce qu'elle avait vu. Chose étonnante, cette femme m'a déclaré presque sans hésitation que les images dans le miroir lui faisaient penser à un problème de confiance.

« C'est presque comme si j'avais peur qu'un jour les gens viennent à moi et que le lendemain, ils me tournent les talons », m'a-t-elle dit en se référant à la personnalité des deux serpents. « Je ne fais pas confiance aux gens. Je pense qu'ils se comportent d'une façon un jour, et d'une autre le lendemain. Je suis alors déçue. »

« J'ai vu un paon »

Autre cas de vision symbolique, celui d'une femme qui s'était penchée sur le miroir « juste pour voir ce qui allait en sortir ». J'étais d'autant plus ravi de l'aider, que je me demandais ce que les gens voyaient dans le miroir quand ils n'y cherchaient pas quelque chose de précis. Ce contexte neutre permet en effet d'évaluer d'autant mieux les résultats apportés par le miroir chez les sujets qui ne l'utilisent que pour mieux se connaître eux-mêmes.

Cette femme de vingt-trois ans sortait d'une université du sud des États-Unis. Elle prétendait ne pas avoir eu de véritable éducation religieuse et insistait sur le fait que, de toute façon, cela ne l'intéressait pas. J'en déduis néanmoins qu'elle est à la recherche d'une certaine forme de spiritualité. Car voici ce qu'elle a vu dans le miroir :

Assise dans le box, j'ai commencé pendant les cinq premières minutes par me détendre en respirant profondément. Puis je n'ai réussi à distinguer que le cadre du miroir et la tache noire de la glace. Je la fixais des yeux depuis quelque temps déjà lorsque j'ai vu des ombres qui se mettaient à danser. Puis elles sont comme sorties du miroir pour venir danser autour de moi !

Ensuite la vision que j'avais dans le miroir est devenue grise et comme noyée dans un brouillard. Le miroir a alors commencé à bouger par morceaux. Certains des morceaux partaient au loin tandis que d'autres venaient dans ma direction. Je n'ai plus réussi à voir le cadre et j'ai compris que le miroir m'avait en quelque sorte engloutie. J'étais maintenant à l'intérieur du miroir !

C'est alors que j'ai vu un paon. Il était en face de moi. Il s'est mis à faire la roue et j'étais fascinée par la couleur de ses plumes. Il dépliait toutes ses plumes. Il était gigantesque !

J'avais l'impression qu'il avait un visage d'être humain, mais je n'arrivais pas à voir à quoi ressemblait exactement ce visage. Puis j'ai vu quelque chose d'autre qui était derrière le paon. C'était comme un humain, de couleur noire, sur un autel de sacrifice. Il était allongé sur l'autel, la tête et les bras pendaient sur les côtés et il semblait mort. Son visage était tourné dans ma direction, mais comme il disparaissait sous les cheveux, je ne pouvais discerner ses traits.

Le miroir s'est alors à nouveau tourné dans ma direction. Dedans, il y avait un grand triangle qui ressemblait à ces gongs que l'on utilise pour appeler les convives à un dîner, et il y avait aussi un petit marteau de métal. J'entendais les coups de gong, sur un rythme très lent, comme celui d'une cloche d'église, et j'étais tellement détendue que j'ai failli m'endormir.

Mais avant d'avoir eu le temps de sombrer dans le sommeil, je me suis retrouvée en train de danser avec le Christ ! Et quand j'ai regardé autour de moi, j'ai compris que je dansais avec lui pendant la Cène ! Nous dansions autour de la table lorsqu'une femme noire est venue me chercher.

Comme tant d'autres sujets, cette femme m'a dit s'être rarement sentie plus détendue qu'en regardant dans le miroir. Et bien qu'elle m'ait avoué ne pas avoir compris le sens de sa vision, je persiste à penser qu'elle affrontait une fois encore le rôle joué par la religion dans sa vie. Le paon, par exemple, est un ancien symbole du Christ. Et lorsqu'elle me dit qu'il était gigantesque et qu'elle était fascinée par la couleur de ses plumes, cela signifie pour moi qu'elle est attirée par le message d'amour du Christ inhérent à cette religion qu'elle a toujours rejetée. Quand de surcroît elle ajoute cette image du Christ, image religieuse par excellence, avec lequel elle danse, il est clair qu'elle croit en sa bonté et au réconfort qu'il apporte.

L'être humain noir sur l'autel du sacrifice pourrait être le symbole de la persécution. Et comme il apparaît avec le paon/Christ, je me hasarderai à avancer qu'il symbolise la persécution des chrétiens. La femme noire qui vient la chercher pendant la Cène était sans doute la gouvernante qu'elle avait lorsqu'elle était enfant.

Il est donc probable que cette femme est à la recherche d'une plus grande spiritualité et qu'elle est attirée par le message d'amour de la religion chrétienne.

Quand on plonge le regard dans l'inconscient

La technique du miroir peut également aider les psychotérapeutes à comprendre ce qui se passe dans l'inconscient de leurs patients.

Pour Freud, comme pour tant d'autres, le rêve est la voie royale de l'inconscient. Il avait le sentiment que les rêves révèlent les motivations cachées derrière les pulsions que censure notre inconscient.

Je pense que les visions obtenues dans le miroir donnent également des indications sur le contenu de l'inconscient. Étant donné que les images que l'on y distingue sont en grande partie des créations de l'esprit de celui qui les voit, elles constituent ce que l'on pourrait appeler un « test projectif », analogue dans une certaine mesure aux tests des taches d'encre de Rorscharch. Et ce test peut grandement faciliter l'analyse de l'état psychologique du patient.

La technique du miroir m'a permis, en ce qui me concerne, de diagnostiquer grand nombre de problèmes qui vont de l'angoisse spécifique à la dépression, en passant pas les problèmes conjugaux.

J'indique dans ce cas au patient la procédure à suivre, tout comme le faisaient certainement les prêtres de la Grèce antique. J'incite donc les patients, la veille du jour où ils viendront devant le miroir, à se concentrer sur une idée. Si, par exemple, c'est la relation à la mère qui pour eux pose un problème, je leur demande de penser à leur mère à maintes reprises au cours de la journée. Ainsi, lorsqu'ils arriveront devant le miroir, il est très probable que la vision tournera autour de ce sujet. Comme dans le cas de l'incubation des rêves, les images qui émergent alors sont celles qui, par définition, sont plus fortes que la vie réelle, et plus chargées de symboles que ne le sont les pensées dans leur ensemble.

Et contrairement aux rêves — que le patient raconte au thérapeute plusieurs heures après les avoir faits, ce au risque de ne pas s'en souvenir avec une grande précision — le patient peut décrire les visions qu'il a dans le miroir pendant la séance, ce qui permet de procéder sur-le-champ à l'analyse de l'inconscient.

L'homme de l'île

Autre cas de vision comme moyen de thérapie, celui d'un jeune étudiant aux allures rustaudes qui venait des campagnes du sud des États-Unis. Il m'avait déclaré d'emblée qu'il n'était pas des plus raffinés et que ses parents étaient comme lui. Sa mère ne travaillait pas et son père était représentant d'une compagnie d'assurances.

Lorsquc nous avons procédé à la séance de miroir, cet homme vivait encore chez ses parents. Il m'avait parlé de sa façon de vivre d'une voix atone, dénuée de toute émotion. Mais au terme de la séance, il a admis qu'il y avait bien un certain nombre de problèmes chez lui. Voici ce qu'il a décrit :

> J'ai vu un groupe de gens sur une plage. Ils avaient allumé un feu et ils faisaient cuire quelque chose qui ressemblait à du poisson. Ce qui m'intéressait, ce n'était pas le poisson, mais bien plutôt ces gens et cet endroit.
>
> Nous étions sur une île qui n'était pas très grande. Derrière nous, il y avait des collines. Je savais qu'on pouvait faire le tour de l'île en un rien de temps.
>
> Nous portions des vêtements de couleurs très vives en une matière que nous avions teintée nous-mêmes et qui ressemblait à du papier. Tandis que les gens autour de moi marchaient, leurs vêtements bruissaient comme du papier. Les couleurs se détachaient du vert cru des arbres et du rouge vif des fleurs.
>
> Dans la scène suivante, j'étais avec un groupe de ces gens et nous courions sur la plage pour attraper le poisson qui avait été amené par la marée. Nous étions heureux. Il y avait aussi quantité de fruits sur cette île, des fruits doux et nourrissants.
>
> Une sorte de sentiment tribal très fort liait les gens du groupe. Je n'avais pas l'impression que quiconque dans le groupe ait été mon père ou ma mère, mais plutôt que nous étions seuls entre nous. Le plus surprenant de tout, c'est que je ne savais pas si j'étais un homme ou une femme. J'étais seulement très jeune.
>
> J'étais étroitement lié avec un vieil homme de la tribu. Il était très gai, il avait un gros ventre et des cheveux noirs bouclés. Il était l'ancre de ma vie. Je me souviens que je me suis assis sur la plage pour parler avec lui, et c'était très agréable, mais je ne me souviens pas de ce que nous disions.

J'ai trouvé intéressant que dans cette vision du miroir, le sujet vive sur une île et qu'il n'arrive pas à grandir. Lorsque j'ai insisté sur ces deux détails, il m'a dit que pour lui, c'était le reflet de cette vie dans laquelle ses parents en voulaient à leur fils d'être « sorti du nid » pour partir explorer des choses qu'ils ne comprenaient pas vraiment. Et il a ajouté : « Ils essaient toujours de me remettre les pieds dans la glaise », ce qui signifiait pour lui qu'ils essayaient toujours de le garder à la maison comme un enfant.

En parlant avec lui, j'ai compris que le vieil homme de la tribu dont il était si proche n'était pas son père pour lequel il n'avait guère de respect. Ce ne pouvait pas non plus être aucun de ses deux grands-pères, ceux-ci étant morts avant qu'il ne soit né. Il a fini par en conclure que l'homme sur la plage était un policier très gentil que ses parents connaissaient et avec lequel il avait été ami lorsqu'il était enfant.

En une seule séance, le patient a donc réussi à affronter certains de ses problèmes. La technique du miroir nous avait permis d'arriver au cœur du problème de son enfance. Il m'a encore reparlé à quelques reprises de la signification de ce qu'il avait vu, puis il a décidé de partir de chez ses parents et de vivre de son côté.

Quand la technique du miroir devient un instrument probant

En ma qualité de professeur de psychologie, j'ai trouvé que la technique du miroir était un moyen efficace de montrer à mes étudiants comment fonctionne l'inconscient. Le but, en l'occurrence, ne consiste pas à leur faire rencontrer leurs défunts, ni même à examiner leur inconscient. Il consiste principalement à leur montrer que l'inconscient est actif même lorsqu'ils croient que ce n'est pas le cas.

Il m'arrive souvent de diriger des étudiants lors de séances de miroir, et je l'ai parfois fait avec un nombre de participants allant jusqu'à quarante. Au départ, le plus grand scepticisme règne. Puis, lorsque la séance commence, j'observe les étudiants, le souffle coupé par ce qu'ils voient dans le miroir. À la fin, la plupart d'entre eux restent la bouche ouverte devant ce qu'ils viennent de faire et de voir. J'ai eu un étudiant qui m'a même dit : « C'était comme si j'avais eu un magnétoscope dans la tête. » Une autre a été stupéfaite que ses souvenirs aient surgi « comme un film en trois dimensions ».

Ces séances suscitent toujours un tel étonnement chez les étudiants qu'ils en ont des ailes au talon pour le reste du semestre. Et bien que je sois plus qu'habitué aux mystères de cette technique, j'avoue que certaines séances ont donné lieu à des événements qui m'ont, moi aussi, déconcerté, car je prenais conscience de tout ce qu'il restait encore à apprendre sur le fonctionnement de l'inconscient.

Je me souviens d'une séance où un groupe d'étudiants avait le regard rivé sur le miroir. En les surveillant, je notai que l'un d'eux respirait profondément pour se détendre. Et tandis qu'il fixait le miroir, je voyais ses yeux s'agrandir. Voici ce qu'il m'a ensuite raconté :

> J'ai d'abord essayé de forcer les choses. Puis, déçu, je me suis détendu. C'est alors que j'ai subitement eu l'impression de faire un tour de 180 degrés et d'aller m'asseoir dans le miroir, pour, de là, regarder fixement l'endroit où j'étais préalablement assis. Je me suis littéralement senti comme happé, et j'ai atterri dans le miroir.
>
> Puis les visions ont commencé. Je me souviens d'un champ dans lequel il y avait une quantité de cow-boys et d'Indiens. Je distinguais la couleur de leurs peintures guerrières et la couleur de leurs vêtements. C'était une scène dans laquelle les Indiens et les cow-boys traversaient à toute vitesse les plaines qui m'entouraient. Et moi, j'étais « dans » la scène.

D'où venaient ces images du Far West ? C'était parfaitement clair pour l'étudiant. Lorsqu'il était enfant, il avait été fou de ces histoires de cow-boys. Et lorsqu'il songe à cette époque-là, il se revoit portant un chapeau de cow-boy ou un pistolet dans la ceinture.

Si l'on songe à sa fascination pour le Far West, ce qu'il a vu dans le miroir a subitement un sens. Mais ce qui l'a laissé pantois, c'est que les visions qu'il a eues étaient infiniment plus vivantes et agréables qu'elles ne l'auraient été en rêve. « J'étais bien réveillé et j'étais au cœur de l'action. Jamais un rêve n'atteint une pareille intensité. »

Il s'est passé d'autres choses extrêmement surprenantes dans le cadre de ces travaux pratiques avec mes étudiants. J'ai vu sept étudiants d'un même groupe, assis dans différents endroits de la salle, me décrire la même vision. Je n'ai toujours pas compris comment sept étudiants sur trente ont vu un homme portant un turban. Il est aussi arrivé que deux étudiants, assis à des tables différentes, voient dans leur miroir un danseur de ballet. J'ai enfin eu un étudiant qui a eu la vision d'une dent sous laquelle se trouvait un abcès. Lorsqu'il a raconté cela au reste de la classe, la jeune fille assise à côté de lui a déclaré, stupéfaite, qu'elle venait de se faire arracher une dent le matin même.

Et dans aucun de ces trois cas, nous n'avions, avant la séance, parlé de quoi que ce soit qui fût susceptible de suggérer ces images.

Tout cela pour prouver, aux étudiants de psychologie comme aux autres, que l'inconscient n'est pas quelque chose d'abstrait, mais que c'est un niveau de conscience bien réel où sont enfouies nos pensées les plus secrètes. En leur montrant la technique du miroir, j'arrive donc à leur faire saisir ce concept difficile. J'en ai même entendu un me dire : « Jusqu'à présent, je ne comprenais pas d'où venaient ces images. J'ai toujours su que les images de l'inconscient n'étaient pas une invention. Mais maintenant, je sais combien elles sont réelles ! »

Le fleuve de la connaissance

William James disait que le subconscient était une « rivière qui ne cessait de faire son lit dans les heures de veille consciente ». Cette définition de l'inconscient laisse rêveur lorsque l'on réalise combien est pauvre ce que l'on sait du contenu de cette rivière. Et peut-être la technique du miroir, parce qu'elle permet d'avoir accès à cet invisible fleuve de connaissance, peut-elle rendre visibles nos pensées les plus secrètes et nos souvenirs les plus enfouis. Si tel était le cas, elle deviendrait un instrument d'exploration psychologique infiniment plus rapide que l'analyse.

VI

COMMENT CRÉER VOTRE PROPRE PSYCHOMANTEUM

> « Un lac est le premier élément, le plus parlant, d'un paysage. Il est l'œil de la terre, celui par lequel le spectateur, qui le regarde de ses propres yeux, comprend la profondeur de sa propre nature. »
>
> Henri David THOREAU.

La vision dans le miroir est une forme d'autodécouverte. Et comme il en va de toute exploration, encore convient-il, si l'on prétend faire un beau voyage, être dans la bonne disposition d'esprit et posséder l'équipement adéquat.

L'installation que j'ai conçue est la réplique des psychomanteums qui ont existé au fil de l'histoire. Il a toujours été clair dès les débuts de l'humanité que si l'on prétend contrôler ces visions, il faut concevoir un cadre particulier — un Théâtre de l'Esprit — dans lequel le déroulement de l'inconscient pourra remonter à la surface.

C'est parce qu'il fallait un cadre particulier que les gardiens du psychomanteum d'Éphyra en étaient venus à créer cet ensemble de structures souterraines. C'était dans ce labyrinthe de cavernes et de pièces plongées dans la pénombre que l'inconscient remontait à la surface lorsque enfin les pèlerins étaient conduits dans la chambre des apparitions où on les autorisait à plonger le regard dans le chaudron rempli d'eau.

La maison dans laquelle John Dee communiquait avec les anges comportait une pièce spécialement aménagée pour ce faire, dont on ne peut mieux dire qu'elle était une « chambre d'apparitions ». Elle était confortable, faiblement éclairée, et Dee avait pris soin d'y faire fixer de nombreux miroirs dont celui, célèbre, d'obsidienne. Tous ceux qui, de la Grèce antique à l'Angleterre élisabéthaine, ont tenté de faire venir les esprits, l'ont toujours fait dans des endroits aménagés avec le plus grand soin.

Les architectes de ces lieux savaient une chose qui est maintenant devenue évidente pour moi. Ils avaient compris que ces rencontres d'un haut degré de spiritualité et lourdes d'un grand poids émotionnel, devaient avoir lieu dans un environnement conforme à certains principes physiques, psychologiques et esthétiques. Il fallait qu'il en soit ainsi pour au moins deux raisons :

— d'abord, parce qu'il convient que celui qui se prête à une expérience spirituelle qui modifiera ses concepts le fasse dans un cadre agréable et propice à l'élévation spirituelle ;

— ensuite, parce que l'environnement peut être conçu de façon à faciliter les états de conscience altérée.

Les Grecs prouvent bien l'importance qu'ils donnaient à ces deux facteurs, puisqu'ils avaient choisi de construire leurs oracles sur des sites impressionnants dont ils pensaient qu'à cet endroit précis, un monde jouxtait l'autre. Ils croyaient, par exemple, que l'oracle d'Éphyra se trouvait à l'entrée du monde des ombres.

C'est en combinant de nombreuses méthodes permettant d'arriver aux états de conscience altérée qu'on était arrivé à donner à Éphyra cette impression de deux mondes se touchant quasiment. Le fait, par exemple, que les lieux soient souterrains suffisait déjà à créer pour le psychisme une atmosphère d'étrangeté. C'est pour la même raison que les Nkomis tenaient le sujet à l'écart et le plongeaient dans une sorte d'isolement sensoriel tout comme les Bwiti le privaient de sommeil et l'enivraient. Les uns comme les autres faisaient appel au miroir pour y voir apparaître les esprits.

Créer l'atmosphère propice

Lorsque j'ai conçu mon psychomanteum, j'ai décidé de faire appel à différents éléments et je me suis tout particulièrement attaché à faire percevoir quels étaient les liens entre le jeu et le paranormal. Considérant que le rire fait partie intégrante de mon programme de préparation, je l'encourage, sans pour autant amener les participants à une attitude faite de superficialité et d'hilarité. Mon but est bien plutôt de les aider à oublier, en toute sécurité et sans heurts, certaines de leurs inhibitions de façon à multiplier leurs chances d'arriver aux états de conscience altérée.

Lorsqu'ils regardent des comédies en vidéocassettes ou lorsqu'ils lisent des bandes dessinées, les sujets ne se crispent pas sur l'expérience qui les attend et qui consiste à faire apparaître un de leurs défunts. Ils acceptent d'autant plus facilement ce qui va se produire. En ce sens, l'humour est pour certains la voie royale vers les phénomènes paranormaux.

Ma stratégie consiste de surcroît à insérer dans l'environnement le plus grand nombre possible de facteurs dont on sait qu'ils facilitent l'état de conscience altérée. Outre l'humour, je citerai au nombre de ces facteurs la présence de la nature, la perte de la notion du temps, l'art et la stimulation intellectuelle. Ainsi, bien entendu, que les surfaces réfléchissantes telles que les miroirs.

J'ai déjà décrit dans un chapitre précédent comment j'avais fait appel à tous ces facteurs dans mon Théâtre de l'Esprit. Il se peut que vous vous demandiez comment, en ce qui vous concerne, vous pouvez créer cette atmosphère nécessaire aux apparitions facilitées. Laissez-moi donc énumérer ces différents facteurs et vous faire quelques suggestions :

La nature : Mon Théâtre de l'Esprit étant situé en pleine campagne dans le sud des États-Unis, il ne m'est guère difficile de plonger mes patients dans un endroit qui, naturellement, incite à la détente. Nous sommes entourés d'une forêt et de champs cultivés où il fait bon se promener. Les tortues déambulent lentement dans la crique au bord de laquelle se trouve mon vieux moulin et le bruit de l'eau apaise l'esprit.

Dans un cadre plus urbain, il est toujours plus difficile de ressentir la nature. Tentez alors de la retrouver par des moyens artificiels. Achetez-vous, par exemple, des cassettes sur lesquelles sont enregistrés les bruits de la nature. Vous trouverez sans peine le frémissement des vagues léchant la plage ou le crépitement de la pluie dans les forêts tropicales. Écoutez ces cassettes en marchant dans un parc ou même dans la rue. Il m'est arrivé de marcher ainsi, les écouteurs du Walkman sur les oreilles, et de découvrir que je me détendais considérablement.

Perdre le sens du temps : Je demande aux sujets qui se rendent au Théâtre de l'Esprit de ne pas avoir de montre. Dans le décor ancien dans lequel ils se trouvent, rien ne leur permet de savoir l'heure qu'il est. Je tiens en effet à ce que mes sujets soient propulsés dans le passé, à une époque où la technologie n'avait pas le rôle prépondérant que nous connaissons. C'est dans un environnement ancien qu'on prend conscience de l'histoire et que l'on songe aux générations qui nous ont précédés. On se surprend alors à songer que dans un mode de vie plus lent l'homme était plus heureux.

Si vous n'avez pas de meubles anciens, recherchez cette atmosphère en feuilletant un vieil album de photos ou d'illustrations de la vie d'autrefois. Et si vous voulez vraiment être propulsé dans le passé, achetez-vous un de ces vieux appareils dans lesquels on regardait jadis les cartes postales. Il sera pour vous comme une fenêtre sur un passé depuis longtemps révolu.

Je vous conseille également de draper les horloges, ce qui vous évitera, comme on le fait trop souvent de nos jours, de regarder l'heure. Si vraiment vous ne pouvez totalement renoncer à la conception du temps, contentez-vous d'un sablier.

L'art : Il suffit à lui seul à mettre nombre de gens en état de conscience altérée. J'ai déjà parlé du syndrome de Stendhal, sorte de choc nerveux que subissent certains devant les chefs-d'œuvre. Je vous ai aussi dit que certains musiciens ont fait des expériences paranormales et qu'il leur est arrivé de sortir de leur corps pendant qu'ils jouaient de très grands morceaux.

À la lumière de cela, j'ai fait appel à la musique et à l'art pour ouvrir l'esprit des sujets sur la conscience altérée. Chez moi, l'art est présent partout, et je ne parle pas seulement d'une forme d'art « agréable à l'œil ». J'ai voulu un art surprenant, choquant, drôle, perturbateur — pour stimuler l'esprit vers des directions dont il n'a pas l'habitude.

Il n'est pas difficile d'arriver à cela chez soi. Changez ce que vous avez sur vos murs. Ou, si vous n'en avez pas les moyens, lisez attentivement quelques livres d'art qui vous amèneront au même résultat. Les œuvres de Salvador Dali, Max Ernst, Pablo Picasso, sont reproduites dans quantité de livres et stimulent l'esprit. Les dessins animés sont eux aussi particulièrement stimulants, et je songe précisément à ceux de Carl Barks, le père de Donald Duck.

Vous sentir apaisé par la beauté, ce n'est là qu'une des choses que l'art peut vous apporter dans votre façon de vous préparer à la technique du miroir. Il est également important que vous soyez surpris, que vous ayez un choc, un sentiment d'insolite. Le plaisir esthétique est en soi un état de conscience altérée. Ce que nous recherchons, c'est une façon nouvelle de stimuler l'esprit, qui vous ouvre sur le monde de la perception.

La stimulation intellectuelle : La connaissance a toujours été un élément important pour l'être humain à la recherche d'une certaine spiritualité. Comme je l'ai dit dans le chapitre II, j'ai au Théâtre de l'Esprit une gigantesque bibliothèque remplie d'ouvrages traitant des états de conscience altérée, des phénomènes paranormaux et de la spiritualité. Ces livres étant faciles à trouver dans les librairies, vous pouvez en faire autant chez vous.

Mais je ne pense pas que la stimulation intellectuelle vienne seulement des livres. La technique du miroir est un exercice visuel, et certains trouvent donc plus facile de se stimuler l'esprit par un moyen visuel qui leur permette de laisser vagabonder la pensée.

On peut dans ce cas regarder au travers d'un microscope. Je viens précisément d'en installer un chez moi pour permettre à mes patients de plonger dans le monde microscopique.

Le domaine macroscopique a aussi ses avantages. Un astronome m'a récemment raconté avoir lu dans un journal d'astronomie que nombre de ses confrères avaient fait des expériences extracorporelles, tandis qu'ils scrutaient avec leur télescope les vastes espaces interplanétaires et interstellaires.

Cela m'amène à penser que l'univers qui nous entoure a le don de nous ouvrir l'esprit et que si on le regarde de près, nos sens en sont modifiés.

Les souvenirs : Enfin, si vous souhaitez revoir l'un de vos défunts, il est important que vous l'imprégniez dans votre esprit. Ce qui n'est pas très difficile à faire. La façon la plus simple, c'est de regarder des photos. Un album de famille stimule l'esprit au niveau conscient comme au niveau inconscient. Et il en va de même des vidéocassettes que vous avez pu réaliser.

Les objets familiers du défunt sont une autre façon de vous imprégner de lui. J'ai ainsi vu des gens arriver avec des vêtements qui avaient appartenu au disparu. Ou encore avec des cannes à pêche, des instruments de menuiserie, des jeux d'échecs, des pipes, des lunettes, de vieilles lettres, etc. Tout ce qui est étroitement associé au défunt fera resurgir le souvenir, le sentiment qu'on a de lui.

La combinaison des différents facteurs

Tous ces facteurs ont pour but de réduire le niveau des inhibitions que vous pouvez ressentir face au miroir, et de créer l'atmosphère propice qui vous permettra d'accéder plus facilement à une autre dimension de l'esprit.

J'aimerais être plus précis quant au temps que vous devrez consacrer à chacun de ces éléments, mais ce n'est pas possible. Il y a des gens pour lesquels une heure de communication avec la nature sera déjà trop, alors que pour d'autres, une demi-heure passée à regarder des photos ne suffira pas. Lorsque je dirige ces séances, je sais en général instinctivement, en fonction du sujet, quand il est temps de passer à autre chose.

Le seul conseil que je puisse vous donner est simple : n'allez pas jusqu'à l'ennui. Si un quart d'heure à feuilleter des revues d'art vous semble suffisant, ne poursuivez pas au-delà. Si vous avez besoin d'une heure dans la nature, prenez-la. J'en dirai autant des souvenirs. Si au bout d'une demi-heure, vous en avez assez de regarder de vieilles photos, arrêtez. Ce que vous faites est efficace tant que vous vous sentez stimulé et que vous n'arrivez pas à l'ennui.

L'état d'esprit associé aux visions est extrêmement subtil. Maintenir une attitude de tension dans l'attente paralyserait certainement l'expérience. Il est d'autre part clair que si vous êtes calme et confiant dans le fait que les apparitions vont se produire, cela a d'autant plus de chances d'être le cas. Le facteur déclenchant semble en l'occurrence être un état de relaxation.

Lorsque vous aurez franchi toutes ces étapes et que vous vous sentirez prêt, passez à la technique du miroir à proprement parler.

Le miroir

On a, au cours de l'histoire, utilisé nombre d'objets pour ce faire. Je mentionne dans le présent ouvrage certains de ces objets tels que la boule de cristal, le miroir, l'encre, le métal poli, les vases remplis d'un liquide, qu'il s'agisse de sang ou de vin, les lampes, les lacs, etc. On peut utiliser pour cette technique pratiquement tout ce qui permet de voir en profondeur.

Les gens pensaient dans les temps anciens que les visions du miroir résultaient d'un pouvoir magique du miroir lui-même. Certains le croient encore aujourd'hui. J'ai entendu parler, çà et là, de vendeurs qui, dans des magasins de verrerie, laissent entendre que les boules de véritable cristal sont plus adaptées, car elles ont un pouvoir magique.

Les différentes matières utilisées dans la technique du miroir sont en général susceptibles de créer des associations sur le plan émotionnel. L'hydromancie, par exemple, qui a toujours été un moyen des plus courants, se réfère au sens mythologique de l'eau qui est l'un des symboles les plus courants de l'inconscient. Le cristal est l'image inconsciente du moi par excellence. La pierre polie, qui sert de miroir, est l'image inconsciente de la durée. Elle est aussi liée à la recherche intellectuelle et spirituelle de l'humanité : le Christ a bâti son église sur une pierre, les musulmans se rendent à La Mecque où se trouve la Pierre Noire, la pierre de Rosette a révélé les secrets des hiéroglyphes et John Dee parlait de son miroir d'obsidienne comme de la « pierre sacrée ».

C'est en cela que le type de miroir choisi n'est pas innocent. Il est souvent le symbole du « moi ». Kenneth MacKensie, Écossais qui regardait déjà dans les miroirs au XIVe siècle, prétendait que la pierre dont il se servait avait été déposée sur lui pendant son sommeil. John Dee racontait que sa « pierre de visions » était venue à lui alors qu'il voyait des anges. Et nombre de ceux qui pratiquent aujourd'hui la technique du miroir racontent des choses identiques.

Il arrive que l'on traite comme soi-même les objets qui sont le reflet du moi intérieur. Et plus la recherche du moi est profonde, plus ce sera le cas. L'objet devient le symbole de la recherche de la connaissance de soi. J'en donnerai pour preuve ces gens pleins d'humour qui, en parlant du voyant dont les visions leur déplaisent, disent que c'est la boule de cristal qui n'a pas fonctionné.

Enfin, c'est l'état d'esprit de celui qui regarde, et

non je ne sais quelle essence occulte du miroir, qui rendra la vision possible. La surface dans laquelle on regarde n'est que le miroir de l'âme. C'est ce que nous ne devons jamais oublier, même si la présence du miroir donne une connotation mystérieuse à l'expérience. Lorsqu'on les fait jouer sur un endroit précis, en l'occurrence le miroir, les processus de l'esprit sont alors investis d'une mystérieuse aura.

Tout bien considéré, je pense qu'il est essentiel d'utiliser une surface réfléchissante qui vous soit agréable. En ce qui me concerne, j'ai choisi la boule de cristal ou le miroir. Mais vous pouvez parfaitement choisir quelque chose d'autre. Peu importe, l'essentiel, c'est que cela marche.

Comment regarder

Assurez-vous de ne pas être dérangé pendant la séance. Réfugiez-vous dans un endroit tranquille, débranchez le téléphone, mettez même si nécessaire une pancarte « Ne pas déranger » sur la porte. Il est important que vous trouviez un endroit confortable où vous pouvez vraiment vous détendre.

La posture joue également un grand rôle. Choisissez un fauteuil confortable où vous pourrez soutenir votre tête lorsque vous serez en état de relaxation profonde. Disposez le fauteuil et le miroir de façon à pouvoir regarder ce dernier sans effort.

C'est en général une lumière diffuse située derrière vous qui est la plus appropriée et vous devrez faire plusieurs essais avant de trouver le bon éclairage. Je pense personnellement que la lumière des bougies, au début du moins, est la meilleure. Je sais aussi que l'aube et le crépuscule sont des moments propices aux états de conscience altérée. Par la suite, lorsque vous serez plus compétent, vous découvrirez que l'on peut regarder dans le miroir même lorsque la lumière est vive.

La technique du miroir est en soi tout à fait simple. Asseyez-vous confortablement, détendez-vous et regardez tout simplement dans la profondeur du miroir sans vouloir essayer d'y discerner quoi que ce soit. Certains individus disent qu'il faut regarder le miroir comme on regarderait quelque chose au loin. Lorsque vous serez convenablement détendu, vos bras vont vous donner une impression de lourdeur et vos doigts vont commencer à fourmiller comme s'ils étaient chargés d'une légère électricité. Ce fourmillement indique presque immanquablement le début de l'état hypnagogique.

Le miroir deviendra alors très probablement comme brumeux. Certains disent qu'il ressemble à un ciel chargé de nuages. D'autres disent qu'il s'assombrit. Quel que soit le cas, c'est lorsque la clarté du miroir change que les visions vont commencer à apparaître.

Laissez aller les images

Les gens me demandent souvent s'il faut poser une question précise lorsque les visions apparaissent ou s'il vaut mieux les laisser se dérouler passivement. Je répondrai qu'en général, il vaut mieux au début que vous ne tentiez pas de diriger l'expérience. Laissez au contraire aller les images.

Si vous essayez de les guider, vous augmentez la difficulté et vous diminuez le nombre de chances de vraiment voir quelque chose. Lorsque vous serez plus rodé, vous pourrez vous poser mentalement une question *avant* d'entrer en état de transe, et ce surtout dans le cas où vous aurez pour but de mieux vous connaître et de mieux vous comprendre. Lorsque l'on essaie de diriger les images après qu'elles ont commencé, on les fait en général disparaître. Je ne sais pas exactement pourquoi cela se passe ainsi, mais je suppose que c'est parce qu'une pensée consciente vous fait ressortir de cet état hypnagogique dans lequel les images se produisent.

Combien de temps les images durent-elles ? En général moins d'une minute, surtout pour les gens qui ont du mal à rester détendus. Certains de mes sujets ont réussi à faire durer les images jusqu'à dix minutes lors de leur première tentative. Plus vous serez rodé, plus les images dureront longtemps.

Il vous arrivera parfois de ne rien voir, mais d'entendre le défunt vous parler ou de le sentir vous toucher. Certains d'entre vous auront l'impression de sentir une personne ou un endroit précis sans cependant arriver à les voir. Enfin, comme vous l'a appris la lecture de cet ouvrage, il se peut que vous ayez la sensation d'entrer dans le miroir, ou encore celle que les images en sortent pour venir vers vous. Quel que soit le cas de figure, vous n'aurez aucun doute quant au moment où l'expérience commence et celui où elle finit.

Notez l'expérience

Je vous recommande de noter l'expérience immédiatement après la séance. Consignez tous les détails possibles. Décrivez les sensations qui ont précédé l'expérience, décrivez ce que vous avez ressenti ou vu au cours de l'expérience et ce qui vous en a fait sortir.

Cela vous aidera à savoir ce que vous pouvez attendre de la suivante. Vous ferez ainsi mieux la différence d'une séance à l'autre et cela vous permettra de savoir comment tirer le meilleur parti de cette technique.

Cela vous aidera aussi à mieux vous souvenir de ce qui s'est réellement passé. Décrivez la nature de vos visions, indiquez ce que vous avez vu, entendu, ressenti au fur ct à mesure du déroulement des événements. Cela vous permettra de vous souvenir par la suite de cette expérience avec plus de précision.

Ne faites pas des efforts insensés

Si aucune vision ne se produit au cours d'une séance, réfléchissez aux facteurs qui peuvent en être la cause.

C'est en général parce que l'on fait trop d'efforts que l'on ne voit rien. Il arrive miraculeusement que les visions se produisent lorsqu'on abandonne ou lorsque, du moins, on songe à le faire.

J'ai un jour dirigé une séance avec huit alcooliques en cours de cure. Deux d'entre eux seulement ont alors eu des visions. Ce résultat s'explique à mon sens parce que les alcooliques ont l'habitude de se contrôler. Ils n'ont donc pas réussi à se détendre et à laisser flotter la pensée. La fois suivante, je leur ai suggéré de tout simplement « laisser tomber » et de se borner à rester là quelque temps. J'espérais que le fait de ne rien attendre leur permettrait de « lâcher prise ».

L'état d'esprit nécessaire à l'expérience de la vision est à bien des égards l'inverse de celui qui est le nôtre lorsque nous essayons de faire consciemment quelque chose. Garder une attitude d'attente confiante aide cependant les images à venir. Le facteur déclenchant semble en la matière être un état de relaxation mentale.

La distraction est une autre des raisons classiques pour laquelle les visions ne se produisent pas. Il peut s'agir d'un bruit extérieur ou d'un inconfort physique.

Il se peut qu'il fasse trop chaud, trop froid ou qu'il y ait trop de bruit dans la pièce. Il arrive également que l'on soit distrait par ce que l'on vient de manger. Certains individus n'arrivent pas à avoir de vision lorsqu'ils ont fait un repas copieux. Je recommande plutôt un repas léger qui élève le taux de sucre dans le sang et vous empêche de songer à la faim. Peu de gens arrivent également à voir dans le miroir lorsqu'ils ont bu une boisson contenant de la caféine, car cela les rend nerveux. Il existe également un lien entre une alimentation riche en potassium et le fait que les images apparaissent. Ceux, enfin, qui consomment de grandes quantités de calcium ont en général du mal à faire venir les visions. Il convient donc, la veille de l'expérience, de manger plus de fruits et de légumes, et peu de produits laitiers.

Je tiens aussi à insister sur le fait que l'exercice physique est un important facteur de relaxation. La plupart des gens sont en général plus détendus après avoir fait un peu d'exercice puisque cela fait baisser leur rythme cardiaque. Si vous avez du mal à vous relaxer et à laisser flotter votre esprit pendant les séances de miroir, il est possible que ce soit par manque d'exercice. Faire de l'exercice est une des meilleures méthodes que j'aie trouvées pour arriver à la détente musculaire qui permet d'entrer dans un état visionnaire.

La douleur physique est une autre entrave aux visions. Avoir mal au dos lorsque vous êtes assis peut suffire à vous empêcher de vous détendre et donc de voir. Si tel est le cas, sachez que vous pouvez parfaitement être couché pour regarder dans le miroir.

Il arrive parfois qu'il faille attendre longtemps ou faire de multiples tentatives avant d'obtenir un résultat. Vous pouvez être parfaitement à l'aise avec le processus et pourtant ne pas avoir de vision. Si c'est le cas, je vous demande de persévérer et de recommencer à maintes reprises. Je sais par expérience qu'un peu plus de cinquante pour cent des gens ont une vision la première fois. Pour un certain nombre d'autres, cela se produit à la deuxième, la troisième, voire la quatrième tentative.

Pourquoi donc recommencent-ils lorsque le premier essai n'a rien donné ? Probablement parce qu'ils trouvent un autre plaisir à le faire. La plupart des gens qui recommencent me disent que, de leur vie, ils n'ont jamais été aussi détendus. Certains pratiquent donc la technique du miroir dans un simple but de relaxation, considérant que la vision n'est qu'accessoire.

Prenez cette technique comme une façon de vous distraire

Si tout ce que je viens de vous décrire ressemble pour vous plus à un jeu qu'à une science, je considérerai que j'ai atteint mon but.

La parapsychologie semble, dans une certaine mesure, être devenue abstraite, intellectuelle et avoir perdu tout lien avec l'âme. Elle tente d'être une science, et ne réussit pas souvent à apporter le réconfort à ceux qui, dans des périodes d'épreuves ou de désespoir, vont l'y chercher.

On peut la pratiquer de façon scientifique. Mais, à mes yeux, elle est également apparentée à la distraction, à l'humour et au jeu.

Si certains individus austères en sous-estiment l'importance, le jeu et l'humour ne demeurent pas moins l'une des activités importantes de l'homme. Le réconfort qu'ils apportent est indispensable pour affronter les difficultés de la vie et je n'insiste pas sur le fait que le jeu créatif est une importante source de découverte.

La parapsychologie dans toute sa splendeur peut nous aider à prendre conscience du caractère mystérieux de l'univers dans lequel nous vivons et à nous en émerveiller.

En fait, la parapsychologie fait appel à certaines méthodes ou techniques qui sont celles de la recherche systématique accomplie dans un but spirituel. Elle provoque une profonde émotion et est source d'un grand étonnement. Et si elle n'est pas en mesure de nous prouver qu'il existe une vie après la mort, elle nous permet au moins de l'espérer.

Par là, mon intention n'est nullement de sous-entendre que les parapsychologues (au nombre desquels j'inclus ceux qui travaillent sur le miroir) ne travaillent pas dans le strict respect de la vérité. Ayez le souci de la vérité comme l'ont les chercheurs, même si vos recherches ne peuvent être aussi systématiques que les leurs. Car c'est lorsqu'on a cette exigence de vérité que la parapsychologie devient la plus amusante et que le plaisir dure le plus longtemps.

Découvrir les limites

L'interaction de tous ces éléments dans la technique du miroir a pour but d'ouvrir à d'autres plans de conscience. C'est pourquoi j'ai toujours bonheur à entendre des patients me dire qu'ils sont « comme entrés dans un autre monde ».

Ceux qui pratiquent les techniques que j'ai mises au point me disent régulièrement avoir vu des phénomènes stupéfiants que l'on appelle traditionnellement paranormaux. Ils arrivent à cela par une démarche qui ne prétend nullement faire de l'expérience une expérience métaphysique.

J'encourage mes patients à se prononcer eux-mêmes sur la réalité et la signification de leurs expériences. Et c'est dans ce contexte — que vous pouvez aisément créer chez vous — que vous ferez les voyages les plus fantastiques vers les limites de la conscience humaine.

VII

FUTURES APPLICATIONS DE LA TECHNIQUE DU MIROIR

> « La vie subliminale ouvre des perspectives qui élargissent à l'infini le monde de la réalité. »
>
> William JAMES.

Nombre d'applications potentielles de la technique du miroir viennent déjà à l'esprit. Elles pourraient permettre une meilleure compréhension des capacités et des limites de l'esprit humain. Mais outre les implications d'ordre psychologique, la technique du miroir peut aussi permettre une meilleure approche de l'histoire et la littérature.

Commençons par examiner le rôle de cette technique dans la psychologie de l'homme.

Peut-être qu'aux yeux de ceux qui s'intéressent à l'esprit humain, l'essentiel réside dans le fait que la technique du miroir permet d'arriver aux états de conscience altérée. S'il n'est guère possible en matière d'apparitions de défunts de faire le distinguo entre les apparitions spontanées et les apparitions facilitées, il n'en demeure pas moins que ce phénomène courant, dont on a longtemps supposé qu'il était du domaine paranormal, peut enfin faire l'objet d'études dans des conditions contrôlées.

Par « études » je n'entends pas que l'on se borne

à rassembler les récits des gens qui ont fait cette expérience. Je veux dire que la technique du miroir permettrait enfin peut-être que l'on étudie les états de conscience altérée *en laboratoire.*

Ce serait alors un pas gigantesque dans le domaine de la psychologie. Car on aurait la possibilité d'interroger les sujets dès qu'ils sont sortis de l'état de conscience altérée, voir pendant qu'ils y sont encore.

On pourrait procéder à des électroencéphalogrammes, ou encore des tomographies par émission de positrons durant la vision de l'apparition, de façon à noter quelle est l'activité métabolique du cerveau pendant le phénomène.

Étant donné qu'il a été jusqu'à présent impossible d'étudier ces états de conscience altérée en laboratoire, les sceptiques ont eu beau jeu d'avancer que ceux qui font des expériences paranormales comme ceux qui les étudient en ont exagéré les phénomènes ou encore que ces expériences ont été inventées de toutes pièces par les sujets. Cette opinion pour le moins légère tient rarement compte du grand nombre de gens qui voient des fantômes, font des expériences de coma dépassé ou sortent de leurs corps. Bien que ces trois catégories rassemblent à elles seules des millions de gens, on n'hésite pas à qualifier ceux-ci de menteurs, ou de dérangés, refusant par là d'admettre que leur expérience a bien été réelle.

Pourquoi certains lieux sont hantés

En facilitant les apparitions dans le cadre des psychomanteums, on peut arriver à expliquer pourquoi elles se produisent aussi dans certains lieux « hantés ». Ces apparitions hantent, au sens propre du terme, certains endroits précis. Et cela parfois depuis des siècles, surtout si rien n'est, entre-temps, venu troubler le lieu. Il existe nombre d'endroits hantés en Europe, châteaux, vieilles églises ou sites désolés. Les apparitions y sont souvent la conséquence d'une mort violente ou d'un meurtre.

Voici le récit parfaitement caractéristique de ce qu'est un lieu hanté. Ce récit provient des dossiers de Gardner Murphy et Herbert Klemme :

> Le 3 octobre 1963, le doyen Sam Dahl, de la Nebraska Wesleyan University de Lincoln (Nebraska), demanda à sa secrétaire, Mrs. Coleen Buterbaugh, de porter un message à l'un de ses collègues, le professeur Martin, dans son bureau situé dans un autre bâtiment. Il était environ 8 h 50 lorsque Mrs. Buterbaugh est entrée d'un pas décidé dans le vaste hall du bâtiment en question d'où elle a entendu, au loin, provenant de l'une des salles de musique, un air de marimba. Elle est entrée dans la première salle et à peine avait-elle fait trois ou quatre pas, qu'elle a été arrêtée par une très forte odeur — une odeur de moisi, parfaitement désagréable. Levant les yeux, elle a vu une grande femme aux cheveux bruns, vêtue d'une robe qui lui descendait jusqu'aux chevilles. La femme tendait le bras droit pour atteindre l'étagère supérieure d'un meuble ancien dans lequel étaient ran-

gées les partitions. Voici les termes exacts de Mrs. Buterbaugh :

« Lorsque je suis arrivée dans la salle, tout était parfaitement normal. J'avais à peine fait trois ou quatre pas dans la salle, lorsqu'une forte odeur m'a frappée. Quand je dis une forte odeur, j'entends le genre d'odeur qui tout simplement vous arrête sur votre lancée et vous monte à la gorge. Je regardais par terre comme on le fait souvent en marchant, mais à l'instant où cette odeur m'a frappée, j'ai eu la conviction qu'il y avait quelqu'un dans la salle. C'est alors que j'ai pris conscience que, subitement, il n'y avait plus aucun bruit dans le couloir. Tout était d'un silence de mort. J'ai relevé la tête et quelque chose a attiré mon regard vers le meuble placé le long du mur. J'ai donc regardé dans cette direction, et la femme était là. Elle me tournait le dos, et, dans le plus parfait silence, s'étirait vers le haut du meuble pour atteindre l'étagère supérieure. Elle n'était nullement consciente de ma présence. Elle n'a pas bougé pendant que je la regardais. Elle n'était pas transparente, et cependant, je savais qu'elle n'était pas réelle. Tandis que je la regardais, elle a tout simplement disparu, non par étapes, mais en s'estompant globalement.

« Je n'ai pas eu conscience, jusqu'au moment où elle a disparu, qu'il y avait quelqu'un d'autre dans la salle, mais lorsqu'elle s'est estompée, je me suis rendu compte que je n'étais toujours pas seule. Il y avait à ma gauche un bureau, et j'avais l'impression qu'un homme était assis derrière. Je me suis retournée, je n'ai vu personne, mais j'avais le sentiment de sa présence. Je ne sais pas quand exactement j'ai eu le sentiment que cette présence disparaissait, mais à cet instant précis, j'ai regardé par la fenêtre qui était derrière le bureau, et j'ai eu si peur que je suis sortie. Je ne sais pas si je marchais ou si je courais. Car quand j'ai regardé par la fenêtre, toutes les choses de notre époque avaient disparu. La rue qui est à quelques mètres du bâtiment avait disparu, et disparu aussi l'immeuble Willard. C'est alors que j'ai compris que ces gens n'étaient pas venus dans notre époque, mais que c'était moi qui étais repartie dans la leur. »

Comment des endroits peuvent-ils être hantés ? Comment se fait-il que des gens qui ne connaissent pas l'histoire d'un endroit, qui ne savent même pas qu'il est hanté, y voient toujours le même fantôme ?

La vision facilitée peut permettre de vérifier ces questions et de trouver les réponses qui ont échappé depuis longtemps aux chercheurs.

Les apparitions collectives

La technique du miroir devrait également permettre de faciliter des apparitions collectives simultanément chez plusieurs sujets qui tenteraient de faire apparaître un même défunt. On a déjà parlé d'apparitions spontanées collectives et les récits de la Grèce antique nous laissent entendre que celles-ci se produisaient dans les psychomanteums. Je souhaite donc que les recherches faites dans cette direction puissent aboutir à un résultat.

Sachant que je suis plus compétent sur un seul individu à la fois, je laisserai ces investigations à d'autres chercheurs. Et j'ose espérer que certains de mes collègues qui sont rodés aux séances de groupe mèneront ce projet à terme. S'ils y arrivent, nous aurons progressé dans notre connaissance concernant la dynamique des phénomènes de visions collectives.

La thérapie du deuil

L'étude des apparitions facilitées pourrait aussi nous permettre de mieux maîtriser la psychologie du deuil. Il est bien connu que les individus qui sont en proie à la douleur d'un décès sont souvent « préoccupés » par les images du défunt. Ils emportent partout avec eux des photos de celui ou celle qu'ils aimaient et ne cessent, à tout bout de champ, de les regarder. Si l'on veut bien concevoir que le cerveau a les moyens de faire apparaître les défunts, on sera à même de mieux comprendre le processus du deuil.

Et, par conséquent, d'en réduire la douleur.

Il est courant chez ceux auxquels le défunt apparaît spontanément, que la douleur s'atténue ou même disparaisse. C'est en tout cas ce qui se passe pour ceux qui revoient leur défunt dans le psychomanteum. Nombre d'entre eux concluent que cette expérience a grandement apaisé leur mode de relation avec celui qu'ils avaient aimé.

Psychologie de l'histoire

J'ai l'intention en ce qui me concerne d'orienter mes recherches dans trois directions. Je rassemble actuellement les documents historiques qui me permettront d'étudier les oracles de l'Antiquité. J'entends me rendre sur les lieux dans l'espoir de mieux comprendre quels étaient l'environnement et les méthodes utilisées dans l'Antiquité pour faire apparaître les esprits.

Ceux, par exemple, qui entendent parler du chamanisme pour la première fois, imaginent que les chamans sont des charlatans, des dérangés, ou encore qu'ils sont en possession d'un pouvoir magique dont est dénué le commun des mortels. Nous avons déjà vu comment les chamans sont en mesure de se rendre dans le monde des esprits par le biais du miroir magique dans lequel ils voient les esprits. Et comme vous le savez maintenant à la lecture de ce livre, le monde intérieur de ces tribus est accessible à chacun de nous.

On comprend ces rites anciens avec d'autant plus de facilité que l'on connaît la technique du miroir. Et lorsqu'on la connaît, la vie de bien des personnages de l'histoire apparaît sous un jour nouveau. Ce qui est également le cas des oracles de la Grèce antique.

La technique du miroir nous permet également de comprendre comment les visions peuvent stimuler l'esprit créatif. Il ne fait maintenant aucun doute que Thomas Edison profitait des états d'hypnagogie pour explorer son inconscient, ce qui lui a permis d'arriver à nombre d'inventions qui ont changé la vie de l'homme. On peut en dire autant des grands scientifiques, inventeurs ou penseurs. Et si ces grands hommes ont été en mesure de découvrir les merveilles de l'inconscient, il est probable que d'autres l'ont également fait ou pourront encore le faire.

La triste histoire des Xhosas

L'histoire nous montre que la technique du miroir, lorsqu'elle surgit trop brutalement dans une culture qui n'y a pas été préparée, peut avoir des conséquences terrifiantes. Il se peut que vous trouviez incompréhensible que chez certains, le miroir devienne si obsessionnel qu'il en vient à conditionner toute leur vie. Cela a pourtant été le cas à plusieurs reprises dans l'histoire, et j'en donnerai pour illustration le suicide collectif de la tribu des Xhosas en Afrique du Sud au XIXe siècle.

Voici, d'après de multiples documents historiques, comment un psychomanteum a spontanément surgi dans cette culture primitive. Les visions obtenues dans le miroir y ont joué un rôle si obsessionnel que tout sens de la réalité ou de l'ordre établi en avait été perdu.

Les Xhosas étaient en proie au découragement total. Depuis 1778, ils n'avaient cessé de combattre les colons européens et, de 1800 à 1850, ils avaient mené une bonne demi-douzaine de guerres contre les Britanniques.

Leurs armes datant de l'âge de pierre étaient impuissantes contre le feu des Européens. Ils perdirent donc toutes leurs batailles. Mais leur défaite la plus humiliante fut celle qui marqua, en 1850, la fin d'une guerre de trois ans contre les Anglais, guerre au cours de laquelle périrent seize mille Xhosas.

La victoire ne suffit pas aux Britanniques. L'un d'eux qui était gouverneur força les chefs Xhosas à embrasser ses bottes en signe de défaite.

Si les Xhosas pouvaient être fiers d'une chose, c'était bien de la façon dont ils s'occupaient de leurs troupeaux. Ces bergers hors pair attachaient un grand prix à leurs bêtes. Il fut même un temps, où, dans le cadre de cérémonies précises, ils leur rendaient un culte. Chaque animal portait un nom et les poèmes ou les chants des Xhosas évoquaient souvent la présence des troupeaux. Les Xhosas s'identifiaient à leur animal favori comme, de nos jours, certains s'identifient à leur voiture. À ceci près que la survie des Xhosas tenait à l'existence du troupeau. Sans lui, ils étaient condamnés à disparaître.

Un soir de l'automne 1856, une jeune Xhosa du nom de Nongquase arriva au camp tout essoufflée et raconta avoir vu dix étrangers noirs dans une mare près de la rivière. Comme son oncle était l'un des plus grands chamans et des plus grands prophètes de la tribu, on accorda d'autant plus de signification à son récit.

Son oncle se rendit aussitôt vers la mare et y vit lui aussi les hommes dont elle avait parlé. À sa grande stupéfaction, il vit même son défunt frère parmi eux. Le porte-parole des esprits lui déclara qu'ils étaient les messagers de l'au-delà et qu'il avait des choses à lui dire. Ce sur quoi les esprits disparurent.

Dans les semaines qui suivirent, on envoya régulièrement Nongquase vers la mare. Elle rentrait alors dans l'eau jusqu'aux hanches et conversait avec les esprits qui lui apparaissaient. On parla de miracle et bientôt, la jeune prophétesse et son oncle amenèrent les chefs Xhosas à partager l'expérience. Certains d'entre eux eurent ainsi des visions.

Enfin, le roi des Xhosas, Kreli, se rendit sur les lieux pour voir de lui-même ce qui s'y passait. Il s'avança dans l'eau jusqu'aux hanches et vit aussitôt son défunt fils. C'était comme si celui-ci était à nouveau vivant, déclara-t-il par la suite.

Le roi Kreli fut bouleversé par l'expérience. Il crut aux prophéties de la mare et n'hésita pas le moins du monde lorsque l'une de celles-ci lui dicta de faire abattre tout le bétail pour que les ancêtres puissent surgir d'entre les morts.

Tout le monde n'était pas d'accord avec ces messages, et ce fut en particulier le cas de ceux qui, vivant aux confins du territoire, se sentirent offensés que les ancêtres aient choisi d'apparaître en un lieu si éloigné de leur village. Ils demandèrent donc que leurs défunts leur apparaissent chez eux.

Ce qui se produisit neuf mois plus tard. La fille, âgée de neuf ans, du chaman local, commença elle aussi à voir des entités dans la mare de son village. Elle raconta avoir vu et entendu l'esprit d'un Xhosa défunt qui avait été très aimé des siens. Celui-ci lui avait dit que les esprits reviendraient à la vie lorsque le bétail aurait été abattu.

C'est donc dans ce climat que l'on commença à tuer le troupeau. Bientôt les carcasses des animaux morts jonchèrent le paysage. Les officiers britanniques tentèrent de mettre fin à cette démence en arrêtant les visionnaires. Mais il était déjà trop tard. La famine s'abattit sur le peuple des Xhosas et les âmes des défunts ne surgirent pas comme promis.

Les autorités britanniques ne comprirent pas le cheminement psychologique qui avait amené ces gens à abattre tout leur bétail. Mais nous savons maintenant que les visions facilitées qui se produisirent dans un climat déjà délétère en soi suffirent à ce que le malheur s'abatte sur cette vieille tribu.

Le drame des Xhosas devrait nous mettre en garde, lorsque nous pratiquons la technique du miroir, de ne jamais en faire un culte. L'analyse réfléchie doit nous permettre de ne pas nous laisser déborder par l'expérience de la vision. Si celle-ci peut être une façon d'aider les êtres humains, elle ne doit jamais devenir une raison d'être.

Les états de conscience altérée et l'histoire

Il est clair que les états de conscience altérée peuvent susciter un nouvel intérêt pour l'histoire. Ils nous permettent de la comprendre d'une façon différente, quand encore, comme ce fut le cas pour Arnold Toynbee, ils ne donnent pas envie d'écrire un traité sur l'histoire elle-même.

Dans le volume X de sa monumentale *Étude de*

l'Histoire (A Study of History), Toynbee consacre un chapitre aux événements qui ont incité les historiens à rédiger leurs meilleurs ouvrages. La plupart des historiens dont il parle s'étaient intéressés à l'histoire à cause des guerres. Mais lui-même ainsi qu'Edward Gibbon dérogèrent à cette règle dans la mesure où ce sont des visions qui les poussèrent dans cette direction. Gibbon, l'auteur de *The Decline and Fall of the Roman Empire (Grandeur et Décadence de l'Empire romain),* avait vécu un moment mystique alors qu'assis sur les marches du temple de Jupiter, il écoutait des religieux psalmodier leurs litanies. Soudain, la ville moderne avait disparu, et il n'avait eu devant les yeux que les ruines de l'ancienne cité, puis d'une plus ancienne encore. C'est en prenant conscience de cette décadence qu'il avait été saisi par l'envie de retrouver ce qu'avait été la chute du plus grand des empires de l'histoire. Voici comment Toynbee décrit l'expérience de Gibbon :

> Cette vision fut le seul éclair d'inspiration que reçut jamais Gibbon. Sans cela, cet admirable génie n'aurait peut-être jamais existé et ce nom célèbre n'aurait peut-être jamais trouvé sa place dans l'histoire intellectuelle de l'humanité. Il se peut qu'en temps réel, cet événement psychique lourd de conséquences n'ait duré qu'une fraction de seconde sur les trente-six ans qu'avait déjà vécus le grand historien ; mais sa muse ne manqua pas de saisir cette occasion fugitive pour inspirer divinement cet esprit rendu d'ordinaire imperméable par un scepticisme inné qu'aggravait encore le mode de pensée de l'Occident au XVIIIe siècle.

Toynbee raconte ensuite comment il fit lui-même l'expérience de la vision alors qu'au crépuscule, épuisé par une journée de marche, il s'était assis sur une colline qui dominait Sparte. Il songeait à la ville qu'il avait sous les yeux lorsqu'il se demanda s'il y avait eu autrefois une autre ville à cet endroit. Des passages de la Bible lui traversèrent l'esprit : « Une ville bâtie sur une colline ne peut être cachée », et « J'élèverai mon regard sur le haut de la colline d'où viendra mon salut ».

Lorsque soudain, écrit Toynbee qui parle de lui-même à la troisième personne, « l'homme qui regardait vit apparaître, sur la falaise escarpée surplombant la rive la plus éloignée de l'Eurotas, juste en face du site de Sparte l'antique, une construction entourée de remparts dont il comprit qu'elle était l'équivalent préhellénique des citadelles franques et ottomanes qu'il contemplait ».

Toynbee semble avoir eu une vision du passé. Elle fut pour lui d'une grande importance. Il va jusqu'à dire que sans cela, il n'aurait peut-être jamais écrit sa gigantesque *Étude de l'Histoire.* « Si je n'avais vu, du haut de Mistra, un certain 23 mai 1912, cette vision synoptique se déployer matériellement sous mes yeux, je n'aurais peut-être jamais fait ce travail. »

On peut donc parfaitement concevoir que les visions dans le miroir permettent aux historiens de rédiger leurs ouvrages. Nombre d'auteurs qui se sont plongés dans les détails de la vie des personnages historiques avouent d'ailleurs être hantés par leur présence.

Cela m'amène à croire que les personnages historiques puissent apparaître à leurs biographes dans le cadre de séances passées au psychomanteum. Et pourquoi l'interaction d'éléments conscients et inconscients ne permettrait-elle pas de mieux comprendre le déroulement des événements ?

Cette idée peut, a priori, sembler étrange, mais le récit de Toynbee est là pour nous prouver le rôle que peuvent jouer l'inconscient et les états de conscience altérée dans la façon d'étudier l'histoire.

Ce dont Toynbee convient. Voici en quels termes il rend hommage à l'œuvre de Jung :

> C. G. Jung... m'a permis d'accéder à une nouvelle dimension de la vie. L'admirable orthodoxie avec laquelle il puise dans les matériaux les plus divers pour soutenir sa thèse m'a permis de me diriger, dans cette *terra incognita* que sont les abysses du subconscient, en passant du connu à l'inconnu. La réémergence, après un périple sous-marin, de fractions de vie consciente qui ont été submergés dans l'inconscient, a été l'équivalent de la réémergence...

Toynbee ne tarissait pas non plus d'éloges sur Platon, et conseillait aux futurs historiens de prendre en considération les éléments exacts dont ils disposaient, pour ensuite s'aventurer dans le monde de l'imaginaire :

> Platon m'a appris, par exemple, à ne pas hésiter à me servir autant de mon imagination que de mon intellect. Il m'a appris que lorsque je partais dans un voyage mental qui m'amenait au-delà des limites de ce qui est accessible à la raison, je ne devais pas hésiter à laisser mon imagination m'emporter dans la stratosphère sur les ailes du mythe... L'exemple de Platon m'a donné le courage de m'éloigner de l'esprit du début du XIXe siècle qui ne se fiait qu'à ce qui était quantifiable et mesurable, car cet esprit, qui s'était mis ses propres œillères, ne tenait pour réel que ce qu'il pouvait peser et mesurer.

Je propose à tout historien qui s'y intéresse de tenter la technique du miroir. Ce voyage du connu vers l'inconnu ne peut que donner des résultats intéressants. Il peut aussi permettre de relier entre eux des événements disparates, ce que les méthodes traditionnelles de recherche ne permettent pas toujours de faire.

L'inconscient est un puissant instrument de compréhension. C'est dans cette mystérieuse région de l'esprit que l'on peut, avant qu'ils ne passent au stade conscient, résoudre des problèmes et élucider des événements. Pouvoir utiliser pareille quantité d'informations d'une façon aussi spectaculaire que par le miroir représente certainement d'immenses possibilités pour ceux qui partent à la recherche du temps perdu.

Implications sur le plan littéraire

Jusqu'à présent, personne n'a vraiment compris comment les histoires fantastiques surgissaient dans les différentes cultures. Mais eu égard à ce que nous savons maintenant, il est clair que la vision par le miroir a joué un rôle important dans nombre de mythes, de légendes, de contes, dans le domaine de la superstition, de la pratique religieuse et des événements historiques. On trouve en effet dans nombre d'histoires :

Un objet ou une surface réfléchissante : Le chaudron de Lludd, la bouteille de cuivre du pêcheur, la flaque de sang d'Ulysse, le miroir d'obsidienne de Dee sont autant de surfaces réfléchissantes permettant de voir apparaître des visions.

Une surface ou* speculum*, ayant un pouvoir spécial pour ne pas dire magique : L'Écossais Kenneth MacKenzie avait trouvé, en se réveillant d'une sieste, une pierre posée sur sa poitrine. Il avait expliqué que c'étaient des anges qui l'avaient placée là et l'avait dès lors considérée comme son miroir préféré.

Un rite magique qui fait que le miroir fonctionne et qui en réveille le pouvoir : La littérature mythique foisonne d'exemples de ce type dont le plus célèbre n'est autre que la marâtre de Blanche-Neige, qui, avant que le miroir ne fasse connaître ce qu'il pense, lui demande : « Miroir, miroir bien-aimé, qui est la plus belle d'entre nous ? » Aladin doit, quant à lui, faire briller le métal de la lampe pour que le génie apparaisse.

Le rituel a toujours joué un rôle important dans la technique du miroir. Il ne fait aucun doute que le miroir est d'autant meilleur que la surface en est brillante, mais le but du rituel est tout simplement de préparer le sujet à recevoir une vision. Les sujets sont en effet convaincus que s'ils observent un rituel qui remonte à la nuit des temps, ils seront dignes de voir apparaître quelque chose.

Une entité associée au miroir : Le miroir renferme toujours une entité de quelque nature que ce soit, bonne ou mauvaise. Tel est le cas dans le mythe, la littérature ou la vie réelle. J'ai examiné nombre de sujets qui ont vu des apparitions sortir du miroir et se diriger vers eux.

Dans le domaine du mythe, l'exemple le plus frappant, c'est l'entité contenue dans le miroir de la sorcière et qui lui déclare que Blanche-Neige est la plus jolie de tout le pays. La sorcière punit alors le miroir de lui avoir dit cette cruelle vérité en le brisant en mille morceaux. Et le génie d'Aladin sort de la lampe comme le font les dragons du conte celtique de Lludd.

Un être humain qui entre dans le miroir : Comme me l'ont appris mes expériences, il n'est pas rare qu'un être humain entre dans le miroir.

C'est ce phénomène qui explique le fantastique périple d'*Alice au pays des merveilles*. Il explique aussi comment Ulysse, en contemplant la flaque de sang, voit le Royaume des ombres.

D'un point de vue littéraire, les exemples de ce genre semblent extravagants, incompréhensibles. Mais si l'on veut bien comprendre que le transfert est l'un des éléments inhérents à la technique du miroir, il est clair que celle-ci joue un rôle dans la littérature.

Passer du monde quotidien au royaume habité par les entités du miroir peut être un exercice périlleux. Étant donné que le génie de la bouteille de cuivre du pêcheur nourrit des intentions meurtrières pour l'instant où il sera libéré, le pêcheur doit ruser pour le faire retourner dans la bouteille. Les dragons du conte celtique se noient dans l'hydromel et sont faits prisonniers *hors* du miroir. L'histoire de la nymphe Numa se situe entre les deux, puisqu'elle est transformée en fontaine… d'où elle était sortie.

Il est également arrivé que dans la réalité ceux qui contemplaient les miroirs s'exposent à quelques périls. John Dee a été poursuivi sa vie durant pour sorcellerie, Cagliostro a été accusé par certains d'être un charlatan (ce qu'il était d'ailleurs peut-être) et le malheureux Kenneth MacKenzie a été précipité dans un baril de goudron bouillant pour avoir dit à la reine que son époux était un coureur de jupons.

La mort et le deuil jouent un rôle important dans ces légendes : Comme c'est le cas lorsqu'on pratique la vision facilitée, la mort et le deuil tiennent une large place dans la plupart de ces récits. Le père d'Aladin était mort, tout comme la mère de Blanche-Neige. Ulysse s'était rendu à Éphyra immédiatement après la mort de son ami Elpénor. Et contemplant la flaque de sang, il avait découvert que, pendant qu'il était au loin, sa mère, Anticleia, était également passée de vie à trépas.

Une fois encore, mythe et réalité se ressemblent, puisque le deuil est souvent la raison pour laquelle les individus cherchent à voir dans le miroir. Et, comme c'est le cas pour certains des personnages imaginaires, les humains voient leur désespoir apaisé par la vision de leurs défunts.

Les séparations entre époux, les conflits familiaux ou sociaux sont souvent présents : Ulysse se rend à l'oracle d'Éphyra pour savoir s'il pourra retrouver son épouse, Pénélope. La belle-mère de Blanche-Neige lui envie sa beauté et fomente de l'assassiner. La famille d'Aladin est pour le moins perturbée par le génie de la lampe.

La boîte de Pandore

Il n'est pas impossible que la technique du miroir n'éclaire maintenant l'un des mythes les plus mystérieux, celui de la boîte de Pandore.

Selon la légende de Pandore, la première femme du monde ouvre une boîte d'où s'échappent toutes sortes de fléaux qui vont s'abattre sur l'humanité. Et nous parlons d'une boîte, comme le faisait déjà Érasme de Rotterdam lorsqu'il en réécrivit l'histoire.

Mais, au départ, chez le poète Hésiode, il n'était pas question de boîte. Les esprits s'échappaient en fait d'une sorte de jarre que l'on appelait *pixis* et que l'on utilisait pour conserver toutes sortes de choses. Voici l'histoire telle que nous la raconte Bulfinch :

> La première femme portait le nom de Pandore. Elle avait été conçue au paradis et tous les dieux avaient contribué à sa perfection. Vénus lui avait donné la beauté, Mercure la persuasion, Apollon la musique, etc. Ainsi parée de tous les dons, elle fut conduite sur terre et présentée à Épiméthée qui fut heureux de la prendre pour épouse, bien que son frère l'ait mis en garde contre les cadeaux de Jupiter. Épiméthée avait dans sa maison une jarre dans laquelle il conservait certains éléments délétères dont il n'avait pas l'usage. Dévorée de curiosité, Pandore ne put un jour résister à la tentation d'en soulever le couvercle. Aussitôt s'échappèrent toutes sortes de fléaux qui allaient causer l'infortune de l'homme. La goutte, les rhumatismes, les coliques allaient s'emparer de son corps, la rancune, le désir de vengeance allaient s'abattre sur son esprit. Pandore se hâta de refermer le couvercle. Mais, hélas, tout ce que contenait la jarre s'était déjà échappé, à l'exception d'une chose, l'espoir, qui était restée au fond. C'est pourquoi, quelles que soient les calamités qui nous accablent, l'espoir ne nous quitte jamais. Et tant qu'il nous restera cela, aucun fléau ne pourra jamais nous rendre totalement misérables.

Je suis persuadé qu'il existe un lien étroit entre la boîte de Pandore et la vision par le miroir. En un geste qui rappelle le rituel nécessaire pour que le miroir fonctionne, Pandore fait glisser le couvercle. Des entités que Pandore voit passer sortent alors du vase. Les Grecs appelaient ces entités *keres,* ce qui signifie petits esprits nuisibles et perturbateurs. Ces esprits s'échappent comme le firent le génie meurtrier de la bouteille du pêcheur ou les dragons qui troublaient la paix du royaume de Lludd.

Sur Pandore, comme sur ceux qui regardent dans les miroirs, on jette l'opprobre. Sans ambiguïté aucune, Pandore est la scélérate de l'histoire. Et le trouble dans lequel est par la suite jeté son ménage est au cœur de l'histoire. De sa désobéissance, proviennent le désordre du monde ainsi que tous les maux, toutes les calamités qui s'abattent alors sur l'humanité.

Les lecteurs de l'époque auraient immédiatement compris l'allusion à la mort. La jarre, ou pixis, était en effet de grande dimension, si bien qu'il était courant de s'en servir comme d'une sorte de cercueil où enterrer les indigents.

Le lien existant entre la boîte de Pandore et la technique du miroir me paraît d'autant plus évident qu'il existait dans la Rome antique, des siècles après la légende de Pandore, un rituel bien précis. Ce rituel est tellement similaire à la technique du miroir, que je ne peux m'empêcher de penser qu'il existe un lien entre le mythe grec et la réalité.

Il existait chez les Romains une sorte de cratère

qu'ils appelaient *mundus* (la bouche). En temps normal, ce cratère était recouvert d'un vaste couvercle de pierre bleue, dont nous savons aujourd'hui que c'était du lapis. Ce cratère était empli d'un liquide, probablement eau ou vin. Trois fois par an — le 24 août, le 5 octobre et le 6 novembre —, on retirait le couvercle en un rituel associé aux fantômes.

Comme nous le précise l'historien romain Varro, « lorsque le mundus était ouvert, c'était la porte menant au monde lugubre des ombres qui était ouverte ».

J'ai donc, à ma façon, ouvert la boîte de Pandore. Mais aujourd'hui, de cette boîte, ne pourront plus s'échapper que l'espoir et la compréhension.

Les érudits en arriveront peut-être à conclure que la technique du miroir est à l'origine de nombre de nos mythes et légendes. J'ose avancer que cette possibilité ne s'est probablement jamais présentée à ceux qui ont, jusque-là, cherché quelles étaient les origines de ces récits. Mais plus je lis les œuvres de l'Antiquité, plus je suis convaincu de l'influence du miroir sur ces contes qui contribuent à l'histoire des civilisations.

S'il existe désormais différents axes de recherche, j'ai l'intention de m'intéresser surtout à ce que les patients peuvent voir dans le cadre d'un laboratoire. Car c'est là que se passent les expériences les plus audacieuses, et celles, bien entendu, qui vous laissent le plus perplexe.

Une femme qui s'était rendue chez moi dans

l'espoir de revoir son fils le dira mieux que je ne saurais le faire. Son fils était mort deux ans plus tôt. Un cancer contre lequel il avait lutté pendant plusieurs années avait eu raison de lui. Le combat qu'il avait mené contre la maladie était celui de tant d'autres gens atteints du même mal. Il y avait eu des phases de rémission, et dès que l'on reprenait espoir, la maladie contre-attaquait de plus belle. Après plusieurs récidives, le garçon avait finalement perdu pied.

Depuis, le jeune homme manquait cruellement à sa mère. Celle-ci était venue au psychomanteum dans le simple espoir de le revoir et de s'assurer qu'il ne souffrait enfin plus.

Nous nous étions préparés toute la journée à cette rencontre et je l'avais accompagnée dans le box. L'expérience avait répondu à ses attentes. Elle avait eu un certain nombre de « visions du passé », et avait revu des fragments de son enfance. Elle m'avait aussi dit qu'elle avait eu le sentiment très fort que son fils était présent dans le box. « Nous étions assis l'un à côté de l'autre et nous regardions défiler les événements d'autrefois. »

Quelques jours plus tard, elle m'a passé un coup de fil incroyable. Peu de temps après être venue me voir, elle s'était brutalement réveillée d'un profond sommeil. Elle ne s'était d'ailleurs pas simplement réveillée, mais elle avait eu l'impression d'être « hyper-réveillée, plus éveillée que jamais ».

Debout dans la chambre, il y avait son fils. Et dès qu'elle s'était assise dans son lit, elle avait compris que tous les ravages que le cancer avait laissés sur lui avaient disparu. Il avait à nouveau l'air plein de vie et heureux comme avant sa maladie.

Cette femme en avait aussitôt été transportée de joie. Elle s'était levée, était allée vers son fils et avait commencé à lui parler. À lui parler pendant un temps suffisant pour être bien convaincue qu'il ne souffrait maintenant plus et qu'il était heureux.

Ils avaient discuté de tout un tas de choses, et même de la façon dont elle avait redécoré l'appartement depuis son décès. Elle lui avait fait faire le tour des pièces pour qu'il voie ce qu'elle avait changé.

Puis elle avait enfin commencé à comprendre ce qui lui arrivait. Elle parlait à l'apparition de son défunt fils. « Je n'arrivais pas à croire que c'était lui, alors je lui ai demandé si je pouvais le toucher. »

Sans hésiter une seconde, l'apparition de son fils s'était avancée vers elle et l'avait prise dans ses bras. Puis, me raconta la mère, il l'avait soulevée de terre.

« Ce qui s'est passé était aussi réel que s'il avait été ici. Il me semble maintenant que la mort de mon fils est derrière moi et que j'ai le droit de vivre pleinement. »

C'est encouragé par des visions comme celle-ci, que je continue.

BIBLIOGRAPHIE

AYER, FRED : *Before the Colors Fade;* Houghton Mifflin ; 1964.

BARRETT, Sir WILLIAM : *Death-bed Visions : The psychical experiences of dying* (The Colin Wilson Library of the paranormal) ; Aquarian Press ; 1986.

BELO, JANE : *Trance in Bali;* Columbia University Press ; 1960.

BENNETT, E. : *Apparitions and Haunted Houses;* Faber and Faber ; 1939.

BESTERMAN, THEODORE : *Crystal Gazing : A Study in the History, Distribution, Theory and Practice of Scrying;* University Books ; 1965.

BESTERMAN, THEODORE : *Collected Papers on the Paranormal;* Garrett Publications ; 1968.

BULFINCH, THOMAS : *The Age of Fable or Beauties of Mythology;* A Mentor Book ; 1962.

BULGATZ, JOSEPH : *Ponzie Schemes, Invaders from Mars & More Extraordinary Popular Delusions and the Madness of the Crowds;* Harmony Books ; 1992.

BURTON, RICHARD F. (traducteur) adapté par Jack Zipes : *The Arabian Nights,* Penguin Books USA ; 1991.

DAY, JOHN : *Aztec : The World of Moctezuma;* Denver Museum of Natural History and Roberts Rinehart Publishers ; 1992.

DEACON, RICHARD : *John Dee : Scientist, Geographer, Astrologer and Secret Agent to Elizabeth I;* The Garden City Press Limited ; 1968.

DEE, DR JOHN : *A True & Faithful relation of What Paffed for Many Years Between Dr. John Dee (A Mathematician of Great*

Fame in Queen Elizabeth and King James their Reignes) and Some Spirits : etc. ; Redwood Burn Limited, Trowbridge & Esher ; 1974.

EDELSTEIN, EMMA J. et EDELSTEIN, LUDWIG : *Asclepius : A Collection and Interpretation of the Testimonies,* Vol. I & II ; Ayer company, Publishers, Inc. ; Réédition 1988.

ELIADE, MIRCEA : *Le Chamanisme et les techniques archaïques de l'extase ;* Payot ; 1992.

FRENCH, PETERS : *John Dee : The World of an Elizabethan Magus ;* Dorset Press ; 1972.

GAULD, ALAN : *The Founders of Psychical Research ;* Routledge & Kegan Paul ; 1968.

GOETHE : *Faust ;* Flammarion ; 1990.

GOLDBERG, BENJAMIN : *The Mirror and Man ;* University Press of Virginia ; 1985.

HARRISON, JANE ELLEN : *Prolegomena to the Study of Greek Religion ;* Princeton University Press ; 1991.

HÉRODOTE : *Histoires ;* Belles Lettres.

HOMÈRE : *L'Odyssée ;* Garnier-Flammarion ; 1989.

HULTKRANTZ, AKE (traduit par Monica Setterwall) ; *The religions of the American Indians ;* University of California Press ; 1967.

JACKSON, KENNETH HURLSTONE (traducteur) : *A Celtic Miscellany ;* Penguin Books USA ; 1951.

KIECKHEFER, RICHARD : *Magic in the Middle Ages ;* Cambridge University Press ; 1989.

KING, FRANK : *Cagliostro : The Last of the Sorcerers ;* Jarrolds Publishers London.

LANG, ANDREW : *The Making of Religion ;* AMS Press ; 1968.

LEEDS, MORTON et MURPHY, GARDNER : *The Paranormal and the Normal : A Historical, Philosophical and Theoretical Perspective ;* The Scarecrow Press, Inc. ; 1980.

LINDSAY, CHARLES et SCHEFOLD, REIMAR : *Mentawai Shaman : Keeper of the Rain Forest ;* An Aperture Book.

LOEWE, MICHAEL et BLACKER, CARMEN : *Divination and Oracle ;* George Allen & Unwin ; 1981.

MACKAY, CHARLES : *Extraordinary Popular Delusions and the madness of Crowds ;* Farrar Straus Giroux ; 1932.

MacKenzie, Alexander : *The Prophecies of the Brahan Seer;* Stirling : Eneas Mackay ; 1909.

Mavromatis, Andreas : *Hypnagogia : The Unique State of Consciousness Between Wakefulness and Sleep;* Routledge & Kegan Paul Ltd. ; 1987.

Mishlove, Jeffrey (interviews de) : *Thinking Allowed;* Council Oaks Books ; 1992.

Morse, Melvin, MD, et Perry, Paul : *Transformed by the Light : The Powerful Effect of Near-Death Experiences on People's Lives;* Villard Books ; 1992.

Panofsky, Dora et Erwin : *La Boîte de Pandore : les métamorphoses d'un symbole mythique;* Fernand Hazan ; 1990.

Parke, H. W. : *Greek Oracles;* Hutchinson University Library ; 1967.

Pausanias (traduit par Peter Levi) ; *Guide to Greece Volumes 1 & 2;* Penguin Classics ; 1971.

Platon : *La République;* Gallimard ; 1992.

Rawcliffe, D. H. : *Occult and Supernatural Phenomena;* Dover Publications ; 1959.

Ribadeau-Dumas, François (traduit par Élisabeth Abbott) : *Cagliostro;* George Allen and Unwin Ltd ; 1966.

Schultes, Richard Evans et Hoffman, Albert : *Plants of the Gods : Their Sacred healing and Hallucinogenic Powers;* Healing Arts Press ; 1979.

Strabo, traduit par Jones, Horace Leonard ; *The Geography of Strabo,* volume 2 ; Harvard University Press : Loeb Classical Library ; 1917.

Thomas, Northcote W. : *Crystal Gazing : Its History and Practice, with a Discussion ot the Evidence for Telepathic Scrying;* Dodge Publishing Company ; 1905, Republished Health Research ; 1968.

Toynbee, Arnold : *A Study of History;* Oxford university Press ; 1935-1961.

Trowbridge, W. R. H : *Cagliostro : Savant or scoundrel? The true role of this splendid, tragic figure;* University Books.

Vandenberg, Phillipp : *The Mystery of the Oracles;* MacMillan Publishing Company, Inc. ; 1979.

TABLE DES MATIÈRES

III. UN PSYCHOMANTEUM CONTEMPORAIN

IV. LE THÉÂTRE DE L'ESPRIT

V. SUR LE CHEMIN DE LA DÉCOUVERTE DE SOI-MÊME

VI. COMMENT CRÉER VOTRE PROPRE PSYCHOMANTEUM

VII. FUTURES APPLICATIONS DE LA TECHNIQUE DU MIROIR

Achevé d'imprimer en février 1994
sur presse CAMERON
dans les ateliers de B.C.A.
à Saint-Amand-Montrond (Cher)
pour le compte des éditions Robert Laffont
24, avenue Marceau, 75008 Paris

N° d'édition : 35185. N° d'impression : 2892-93/791.
Dépôt légal : février 1994.

Imprimé en France